조선, 무엇이든 법대로

조선, 무엇이든 법대로 : 법치국가 조선의 별별 법 탐험

초판 3쇄 발행 2025년 9월 5일

글 윤지선, 이정환   **그림** 리노
펴낸이 정혜숙   **펴낸곳** 마음이음

책임편집 이금정   **디자인** 김세라
등록 2016년 4월 5일(제2018-000037호)
주소 03925 서울시 마포구 월드컵북로 402, 9층 917A호(상암동 KGIT센터)
전화 070-7570-8869   **전자우편** ieum2016@hanmail.net   **팩스** 0505-333-8869
블로그 https://blog.naver.com/ieum2018   **인스타그램** @mindbridge_publisher

ISBN 979-11-92183-82-4 73910
     979-11-960132-3-3 (세트)

ⓒ 윤지선, 이정환 2024
*이 책의 내용은 저작권법의 보호를 받는 저작물이므로 무단전재와 복제를 금합니다.

어린이제품안전특별법에 의한 제품표시
제조자명 마음이음   **제조국명** 대한민국   **사용연령** 11세 이상 어린이 제품
KC마크는 이 제품이 공통안전기준에 적합하였음을 의미합니다.

법치국가 조선의 별별 법 탐험

글 윤지선·이정환 | 그림 리노

마음이음

차례

프롤로그 : 탄생! 조선 역사 탐험대 · 10

1장 사람이 먼저다!
조선의 교육·복지 제도와 정책

사성이가 사라졌다 · 14

어사화를 쓴 구도장원공 · 26

세상에 귀하지 않은 사람은 없다 · 38

2장 백성의 삶을 돌보아라!
조선의 신분·병역·환경 제도와 정책

곡비와의 약속을 지킨 박제가 · 52

내가 누군지 몰라? · 66

위태로운 조선 군대 · 78

착호갑사 납신다, 길을 비켜라! · 92

3장 나라를 부강하게 하라!

조선의 정치·경제·외교 제도와 정책

농부에게 해산물을 바치라니요 · 108

누가 엽전을 훔쳐 갔을까? · 122

최고 권력을 견제하라 · 136

살려면 줄을 잘 서야 한다 · 150

4장 억울한 사람이 없게 하라!

조선의 사법 제도와 정책

군량미 도난 사건 · 166

해안가의 살인 사건 · 180

에필로그 : 역사 탐험대는 계속된다! · 194

• 작가의 말 •

오늘날 우리는 법과 제도 아래 살고 있어요. 법과 제도에 따라 우리는 학교에서 공부도 하고 급식실에서 맛있는 식사를 하기도 하지요.

법과 제도는 우리가 살면서 지켜야 할 기준을 알려 줘요. 그 기준 덕분에 사회 질서가 유지되는 것이지요.

그런데 이 기준은 모든 나라에 똑같이 적용될까요?

아니에요. 그 예로 싱가포르에서는 공공장소에서 껌을 씹는 사람에게 벌금을 물리고 있어요. 태평양의 섬나라인 사모아에서는 아내가 생일을 잊은 남편을 경찰에 신고하면 남편은 감옥에 갈 수도 있어요. 물론 잠깐이기는 하지만요.

이 밖에도 나라별로 다양하고 재미있는 법과 제도가 존재해요. 우리는 이러한 법과 제도를 통해 다른 나라 사람들의 생활 모습과 그들이 중요하게 생각하는 가치를 이해할 수 있어요.

법과 제도는 시대에 따라서도 달랐어요.

"남의 물건을 훔친 사람은 데려다가 노비로 삼는다. 풀려나려면 50만 전의 돈을 내야 한다."

위 조항은 고조선의 8조법 중 일부예요. 이 법을 통해 고조선이 오늘날과 다르게 계급 사회였다는 것과 당시 사람들이 화폐를 사용했다는 사실을 추측할 수 있어요. 이렇듯 법과 제도는 옛날 사람들의 생활 모

습을 이해하는 데도 도움을 줘요.

『조선, 무엇이든 법대로』라는 제목처럼 조선은 철저히 법에 따라 운영되던 나라였어요. 왕 또한 나라의 법과 제도를 무시할 수 없었지요. 이 책을 통해 여러분은 조선 시대 사람들의 생생한 생활 모습과 500년 역사를 지탱하고 이끌어 온 조선의 법과 제도에 대해서 알 수 있어요.

책은 법과 제도 아래 살아간 조선 사람들의 재미있는 이야기와 법과 제도에 대한 이해를 확장할 수 있도록 돕는 신문 형식의 다양한 정보로 구성되어 있어요.

이 책에는 박제가, 광해군 등 실제 역사 인물의 이름도 등장해요. 책이 조선의 법과 제도를 재미있게 소개하기 위해 쓰인 만큼 허구적인 요소들이 이야기 곳곳에 섞여 있어요. 그러므로 책의 모든 이야기를 실제 역사로 생각해서는 안 돼요. 그 시대의 실제 이야기에 여러분이 잘 알고 있는 인물을 주인공으로 설정한 것이지요.

이 책을 통해 딱딱하고 어려울 것이라 여겼던 법과 제도에 대한 생각이 변화하기를 바라요. 마지막으로 이 책이 세상에 나올 수 있도록 아낌없이 지원해 준 마음이음 출판사 모든 분들께 감사한 마음을 전합니다.

윤지선, 이정환

프롤로그 # 탄생! 조선 역사 탐험대

사람이 먼저다!

조선의 교육·복지 제도와 정책

사성이가 사라졌다

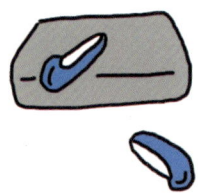

"뭐라? 사성이가 사라졌다고?"

반들반들 윤이 나는 대청마루 위에서 한복을 곱게 차려입은 정씨 부인이 놀란 목소리로 외쳤다.

한 폭의 수채화처럼 펼쳐진 남산을 등지고 정갈하게 자리 잡은 사성이의 집이다. 마당의 작은 연못에 잉어 몇 마리가 주둥이를 뻐끔거리고, 매미는 신나게 울어 대는 평화로운 여름날이다. 그런데 윤씨 가문의 사대 독자 사성이가 사라졌다니!

돌쇠는 눈앞이 캄캄해졌다.

"마님! 제가 분명히 도련님을 서당 문 앞까지 모셨습니다요."

돌쇠는 죽을죄를 지은 듯 허리를 조아리며 어쩔 줄 몰라 했다.

"서당에 있어야 할 사성이가 대체 어디로 사라졌단 말이냐?"

정씨 부인이 답답하다는 듯 돌쇠를 바라보며 말했다.

"이번에 새로 뽑힌 접장[1]이 자꾸만 도련님을 놀려 먹는다며 제게 엿가락을 하나 사 오라고 하시지 않겠습니까? 그거라도 줘야 미움을 덜 사지 않겠느냐면서요. 마침 근처에 엿장수 가위 소리가 나서 잠시만 기다리시라 하고 다녀왔지요."

"접장 녀석이 누군데 감히 우리 사성이를 괴롭힌단 말이냐?"

"이 대감님 댁 큰아드님이십니다."

"이 대감이라면 성균관[2] 대사성[3] 대감을 말하는 것이냐?"

"네, 그러하옵니다."

정씨 부인이 눈을 감고 한숨을 쉬며 분통해했다.

"우리 사성이가 대체 어디를 갔단 말이냐? 돌쇠 너는 무슨 일이 있어도 해지기 전까지는 사성이를 찾아와야 하느니라. 학당[4]에 가신 대감마님이 돌아오시기 전까지 말이다."

나무 뒤에서 듣고 있던 돌쇠의 아들 명이가 튀어나와 말했다.

"마님, 걱정 마십시오. 도련님이 어디 계신지 알 것 같습니다."

정씨 부인과 돌쇠가 놀란 눈으로 명이를 쳐다보았다.

"이 녀석아, 네가 어찌 도련님의 행방을 안단 말이냐?"

아들이 행여 불호령을 맞을까 두려워 돌쇠가 명이를 나무랐다.

---

1) 접장 : 오늘날의 반장
2) 성균관 : 조선 최고의 교육 기관
3) 대사성 : 성균관의 책임자로 오늘날의 국립 대학 총장에 해당한다.
4) 학당 : 한양(지금의 서울)의 중등 교육 기관

"아버님! 사성 도련님과 저는 태어나서 지금까지 한 번도 떨어져 본 적이 없어요. 도련님이 하늘 천, 땅 지 하면 저도 마당을 쓸면서 하늘 천, 땅 지 따라했다고요. 한숨을 쉬면 공부가 잘 안되는구나, 하품을 하면 어젯밤에 늦게까지 공부를 하셨구나, 다 안다고요."

"그래 명아, 어서 우리 사성이를 찾아오너라. 대감마님이 아시면 불호령이 떨어질 게다. 내일이 책거리5)라고 떡도 하고 국수도 마련했는데, 내 이 녀석을 어찌하면 좋으냐."

명이는 정씨 부인과 돌쇠에게 꾸벅 인사하고는 집을 나섰다.

오후의 햇살이 따가웠다. 동서남북으로 뚫린 길 어디로 가야 할지 명이는 잠시 생각에 잠겼다.

'사성 도련님은 분명 서쾌6)에게 소설책을 사서 뒷산 정자에서 읽고 계실 거야.'

명이는 몸을 돌려 뒷산으로 뛰어 올라갔다.

실개천을 따라 오르다 보니 정자에 누워 낄낄거리며 소설책을 읽는 사성이가 보였다.

"도련님!"

---

5) 책거리 : 서당에서 학동들이 책 한 권을 다 배우면 훈장에 대한 감사의 표시로 송편, 국수, 경단 등 간단한 음식과 술 등을 마련하여 훈장을 대접하는 행사
6) 서쾌 : 책이 부족했던 조선 시대. 책을 베껴 쓰게 한 후 필사한 책을 파는 책 중개인

명이가 부르는 소리에 사성이가 깜짝 놀라 일어나 앉았다.

"네가 여기는 어쩐 일이냐?"

"어쩐 일이라니요. 서당도 안 가시고 대감마님이 아시면 어찌하려고 자꾸 이러세요."

"난 서당에서는 더 이상 배울 게 없다. 유교 경전을 달달 외우는 게 무슨 공부란 말이냐. 사나이 대장부로 태어났으면 풍류를 즐길 줄도 알아야지."

"도련님! 지금 도련님 나이가 열세 살입니다. 어서 서당을 졸업하여 학당에 들어가 소과에 합격하셔야지요."

"명아! 너와 난 어릴 때부터 친구가 아니냐. 네가 내 마음을 몰라주면 누가 알아주겠느냐?"

"도련님, 같은 해에 태어나 13년 동안 마음을 나누었지만 도련님은 양반이고, 저는 천한 천민입니다. 어찌 친구라는 말씀을 하십니까?"

"명아, 나는 그래서 이 유학을 버리고 싶은 거야. 너와 나는 친구인데 다정히 앉아 밥을 먹을 수도, 함께 출세를 도모할 수도 없지 않느냐. 똑똑한 너는 천민이란 이유로 뜻을 펼칠 기회도 없으니 내 어찌 유학을 공부해야 하는지 답답하기만 하구나!"

"그러니 도련님이 바꾸셔야지요. 이 나라 법이 한 가문에서 사대가 지나도 과거 급제자가 나오지 않으면 양반 자격이 사라지지 않습니까? 어서 급제하여 세상을 바꾸는 좋은 법을 만들어 주십시오."

사성이가 긴 한숨을 쉬며 말했다.

"이제 내가 아니면 안 된다는 걸 나도 안다. 그래도 명아, 나는 소과에 합격하여 생원이나 진사가 되고, 성균관에 입학해 대과에 장원 급제할 자신이 없다. 공자 왈 맹자 왈을 달달 외우는 게 무슨 의미가 있더냐?"

명이가 답답한 듯 말을 이어 나갔다.

"도련님! 저는 도련님이 책거리를 하고 나면 그 책을 받아 돌에 글을 써 가며 천자문을 떼었습니다. 그리고 도련님께서 그 귀한 태모필[7]로 고운 종이에 글을 쓰실 때 저는 손가락이 닳도록 흙 위에 글을 썼습니다. 저처럼 배우고 싶어도 배울 수 없는 아랫것들을 생각하고, 가문을 생각하셔야 합니다."

"명아!"

"도련님이 바꾸셔야 저 같은 천한 것들도 사람대우를 받고 살 수 있습니다. 정 '사서삼경'을 외워 시험 보기 싫으시다면 시문의 창작 능력을 평가하는 진사시에 응시하시면 되지 않겠습니까?"

어느덧 날이 저물어 가고 있었다.

불빛 하나 없는 산 위 정자는 한여름이지만 한기가 들 정도로 추웠다. 윤 대감 댁 하인들이 횃불을 들고 산 위로 올라오며 사성

---

7) 태모필 : 배냇머리 붓이라고도 함. 어린아이의 머리카락으로 만든 붓

이를 찾았다.

"도련님!"

하인들의 외침이 점점 가까워졌다. 돌쇠는 아들 명이가 걱정되어 얼굴에 근심이 한가득했다.

"도련님! 대감마님이 출타하셨다지만 곧 돌아오실 시간입니다. 빨리 내려가셔야 합니다."

명이가 사성이 앞에 무릎을 꿇고 사정했다.

"알았다. 일어나라, 명아! 밤공기가 차가워 개도 안 걸린다는 오뉴월 감기에 걸리겠구나."

어두운 산길을 내려가는데 사성이가 돌부리에 걸려 넘어졌다.

명이는 깜짝 놀라 사성이를 부축하며 말했다.

"도련님, 업히십시오."

"아니다, 괜찮다."

"매일같이 나무 지게를 지고 다니던 길입니다. 눈 감고도 걸을 수 있는 길이니 업히십시오. 어서 내려가야 합니다."

사성이가 명이의 성화에 하는 수 없이 등에 업혔다.

몇 걸음 내려가는데 횃불을 든 윤 대감 댁 하인들이 무서운 얼굴로 둘 앞에 섰다.

나이 든 하인이 소리쳤다.

"이놈 명이야. 네가 감히 도련님의 몸을 상하게 하고도 멀쩡할 줄 알았느냐!"

돌쇠는 어쩔 줄 몰라 했고, 명이는 죄인처럼 고개를 숙였다.

명이의 등에서 내린 사성이는 그 광경에 놀라 얼굴이 새파랗게 질렸다.

"아니다. 내가 혼자 어두운 산길을 내려오다 발을 헛디뎌 다친 걸 왜 명이 탓을 하는 게냐? 누구든 명이를 건드리면 내가 가만있지 않을 테다."

"네, 도련님!"

건장한 하인 하나가 사성이를 부축했고, 명이는 돌쇠와 그 뒤를 따라갔다.

사랑채로 들어가기 전 사성이는 뒤돌아 명이를 쳐다보았다.

어느새 사성이의 눈에는 눈물이 그렁그렁 맺혔다.

"내 오늘 알았다. 공부해야 하는 이유를. 날 구해 준 너는 천한 신분이라는 이유로 매를 맞을 뻔하고, 널 힘들게 한 나는 양반이라는 이유로 귀히 대접을 받는구나. 내 너를 위해 공부하마! 가문이 아니라 내 친구 너를 위해! 이 나라를 바꾸기 위해!"

명이는 볼을 타고 흐르는 눈물을 소리 없이 닦았다.

상식 코너① 조선의 교육 기관이 궁금해

```
초등학교      서당
중등학교      국립 : 서울(한양)의 사부 학당
                    지방의 향교
              사립 : 서원
대학교        성균관(조선 최고의 학교)
```

상식 코너② 또 어떤 교육 기관이 있었을까?

• **고구려의 교육 기관 태학과 경당**

　태학은 상류층의 자제를 모아 유학을 교육한 최초의 국립 학교예요. 경당은 일반 평민층 자제를 교육하기 위하여 설립한 사학 교육 기관이지요.

• **신라의 화랑도**

　화랑도는 낭도, 풍류도, 국선도, 풍월도라고도 해요. 신라의 청소년들이 심신 수련을 하던 무사 조직이에요. 대체로 왕과 귀족의 자제로 이루어졌으나 계급에 제한은 없었어요.

화랑은 지도자를, 그를 따르는 학생은 낭도라고 불렀어요.

• 통일신라의 국학

　국학은 유교 진흥책의 하나로서 설립된 통일신라의 국립 대학으로 귀족 자제만 입학하였어요.

• 발해의 주자감

　왕족과 귀족 자제를 교육하던 발해 최고의 교육 기관이에요. 유학뿐 아니라 산학 같은 실무 과목도 가르쳤어요.

• 고려의 국자감

　국자감은 고려의 대표적인 국립 교육 기관이며 지금의 대학처럼 최고의 학부였어요. 유교를 가르치고 과거 제도를 활성화하기 위한 수단으로 설립되었어요. 공자와 같은 유교 성현들의 제사를 지내는 곳과 공부하는 교실을 둔 점이 성균관과 비슷해요.

책 책 책! 책을 읽읍시다!

천자문을 다 배웠다고요?
그렇다면 그다음은 **『동몽선습』**입니다.
조선 중기의 유학자 박세무(1487~1564)가 지은 『동몽선습』은 어린이들이 제일 먼저 배우고 익혀야 할 책이라는 뜻입니다.
조선 최고의 어린이 필독서! 현직 교사가 추천합니다.

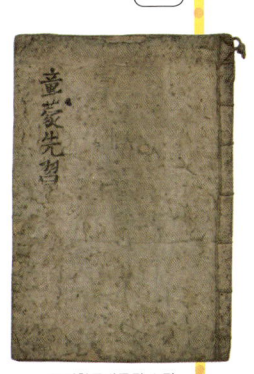

국립한글박물관 소장

팩트 체크 **조선의 교육 정책, 정말일까?**

서당 훈장은 양반만 할 수 있었다?

18세기 정조 때, 노비 정학수는 서당을 열어 양반을 가르쳤어요. 노비가 양반을 가르치다니! 믿기 힘들 거예요.

정학수는 성균관에 다니는 유생(학생)의 노비들이 사는 반촌에 살았어요. 그는 반촌에서 학생이 100명도 넘는 서당을 차렸어요. 얼마나 잘 가르쳤던지 줄을 서서 들어갈 정도였다니 조선의 교육열은 대단했지요? 그 서당이 있던 자리가 지금의 서울과학고등학교랍니다.

팩트 체크 ☐ 예   아니오

성균관에는 농민의 자녀도 다닐 수 있었다?

조선 최고의 교육 기관 성균관의 입학 자격은 조선의 법전인 『경국대전』에서 찾아볼 수 있어요.

서당이나 성균관 등 교육 기관에는 양인들이 다닐 수 있었어요. 농민은 양인에 속하므로 실력이 있다면 농민의 자녀도 성균관에 입학할 수 있었어요. 그러나 후에 과거 시험을 보려면 절차가 무척 까다로워 성균관에는 주로 양반의 자녀들이 다녔어요.

팩트 체크 ☑ 예 ☐ 아니오

서당은 어린아이들만 다닐 수 있었다?

서당은 7세부터 16세의 어린이들이 주로 다녔으나 40세가 넘는 어른도 다녔다는 기록이 있어요.

팩트 체크 ☐ 예 ☑ 아니오

왜 조선의 중등 교육 기관인 '학당'은 사부 학당이 되었나?

조선 시대의 서울인 한양은 동, 서, 남, 북, 중부의 다섯 부로 나뉘었어요. 1411년, 서울 종로의 남학동에 최초로 남부학당이 세워졌어요. 그 후 중부학당, 서부학당, 동부학당이 세워졌어요. 그러면 오부 학당이 되어야 하는데 왜 사부 학당이 되었을까요? 아쉽게도 북부학당은 끝내 세워지지 않았어요. 그래서 사부 학당이 된 거예요.

어사화를 쓴 구도장원공

1536년, 강원도 강릉의 오죽헌에서 우렁찬 울음을 토해 내며 사내아이가 태어났다. 이원수와 신사임당의 셋째 아들 율곡 이이였다.

어머니 신사임당은 시와 그림에 능했고 집안 또한 강원도 명문가였다. 아버지 이원수는 과거 시험에서 매번 낙제를 거듭하며 파주와 강원도를 오가며 지내던 차였다.

"여보! 이 아이를 잉태하기 전 강릉 앞바다의 소용돌이 속에서 검은 용 한 마리가 불쑥 솟아올라 제 방으로 들어왔어요. 이 아이는 분명 큰 인물이 될 것입니다."

신사임당은 갓난아이를 안고 이원수에게 말했다.

"그렇다면 이 아이의 아명[8]은 현룡이라 지읍시다."

이원수는 아내 사임당의 온화한 외모를 빼닮은 아들을 보며 싱

글썽글썽했다.

"이 아이는 제가 정성으로 키울 테니 서둘러 본가로 올라가 과거 공부에 전념하십시오."

사임당은 냉정하게 말했다.

"나도 열심히는 하는데 과거 급제라는 것이 낙타가 바늘구멍을 통과하는 것만큼이나 어렵지 않소. 조부님들 덕에 음서[9]로 관직에 진출하는 길도 있으니 너무 과거 시험에 연연하지 마시오."

이원수는 떨떠름하게 대답한 뒤, 현룡을 안고는 함박웃음을 지었다.

사임당은 그 모습이 못마땅했으나 남다른 기상의 셋째 아들을 보니 행복감이 밀려왔다.

현룡은 한 살 때 말을 하고 글을 읽었다. 세 살 때는 글을 쓰고 어머니 사임당의 글과 그림을 흉내 내었다. 네 살 때는 중국의 역사책을 배웠는데 선생님보다 해석을 잘해 동네에서는 현룡을 신동이라 불렀다.

현룡이 열한 살이 되던 해, 어머니 사임당은 현룡을 불렀다.

"룡아! 네가 벌써 열한 살이 되었구나. 너의 어진 성품과 학문적

---

8) 아명 : 어린 시절 부르던 이름
9) 음서 : 조선 시대, 아버지나 할아버지가 관직 생활을 했거나 국가에 공훈을 세웠을 경우에 그 자손을 과거에 의하지 않고 특별히 채용하는 제도

식견은 어미인 나도 놀랄 정도로 뛰어나다. 그러나 네 삶은 어디를 향해야 하겠느냐?"

어머니의 물음에 현룡은 분명하고 예의 바르게 대답했다.

"어머니, 저는 출세하고 싶습니다. 그 출세는 관직에 진출하여 부귀영화를 누리겠다는 것이 아닙니다. 임금께 충성하고 나라의 근간인 백성을 귀히 여겨 부강한 나라를 만들겠다는 것입니다."

사임당은 종이에 붓으로 '귀고리 이(珥)'를 쓰고는 반을 접은 후 잘랐다.

"귀고리 이(珥)를 반으로 나누면 '임금 왕(王)'과 '귀 이(耳)'가 된다. 이는 임금의 귀가 되어 백성의 소리를 잘 들으라는 뜻이다. 또, 임금의 말을 듣고 백성에게 잘 전하라는 뜻이니라. 너는 이제 현룡이 아니라 이(珥)다."

현룡은 반으로 잘린 종이를 붙여 보며 고개를 끄덕였다.

1548년, 이이가 열세 살이 되던 해였다.

매미가 기세등등하게 울어 대던 여름날, 사임당은 화폭에 꽃 한 송이를 그렸다. 입이 마르고 손이 바들바들 떨렸지만 그 누구도 사임당의 마음을 짐작할 수 없을 만큼 침착하고 우아한 모습이었다. 사임당의 그림이 얼마나 실제와 같았는지 나비 한 마리가 날아와 그림 속 꽃 위에 사뿐히 앉았다. 그때였다.

"어머니!"

아들 이이였다. 사임당은 버선발로 이이를 맞았다.

"어찌 되었느냐?"

이이는 옷매무새를 가다듬고는 어머니께 큰절을 올렸다.

"어머니, 소인이 진사 초시에서 급제하였습니다."

"어른들도 어렵다는 진사 초시에서 급제를 하다니 장하구나. 그러나 이야, 오늘의 결과에 자만하지 말거라. 진사 초시는 하급 관리를 뽑는 시험일 뿐이다. 성균관에 입학하여 더욱 공부에 매진하여야 한다. 네가 대과에 급제하여 큰 뜻을 이룬다면 이 어미는 어사화[10]와 함께 춤을 출 것이다."

사임당은 생원과 진사를 뽑는 초시에서 장원 급제한 이이가 혹여 자만하여 공부에 소홀할까 봐 엄한 목소리로 말했다.

이이는 어머니의 바람대로 또다시 공부에 매진했다.

"어머니! 어머니!"

이이가 열다섯 살이 되던 해, 조선 최고의 시인이자 화가였던 어머니 신사임당이 돌아가셨다.

이이는 슬픔을 이기지 못해 3년 간 어머니 묘소 옆에서 시묘살이[11]를 하였다. 그리고 산으로 들어가 승려가 되려 하였다.

---

10) 어사화 : 과거에 급제한 사람에게 임금님이 주는 종이꽃
11) 시묘살이 : 부모상을 당했을 경우, 묘지 옆에 초막을 짓고 3년 동안 생활하며 부모님이 살아 계실 때와 마찬가지로 모시는 생활

"아들아! 아들아!"

절 기둥에 기대어 깜박 잠이 든 이이 앞에 돌아가신 어머니가 나타났다.

"이이야, 어미가 네 이름을 지었을 때 네 귀가 임금의 뜻을 듣고, 네 입이 백성의 뜻을 전하라는 의미였다. 어찌 공부를 멀리하고 어미를 그리워하느냐?"

"어머니! 아버지는 새어머니를 만나셨고, 저는 어머니가 그리워 공부를 할 수 없습니다."

"이놈! 이 어미는 네가 어사화를 쓰는 날까지 편히 눈을 감을 수 없다. 출세하여 백성을 위해 살겠다던 다짐을 잊었느냐?"

어머니의 호통에 이이는 눈을 번쩍 떴다. 하늘에서는 별똥별이 떨어지고, 이이의 눈에서도 눈물이 주르륵 흘렀다. 이이는 서둘러 봇짐을 싸고는 하산했다.

"어디 땡중 놈이 감히 인사를 올리느냐?"

성균관에 입학한 이이가 공자의 위패가 모셔진 대성전에서 인사를 올리려고 하자 학생회장 격인 '장의'가 이이를 '불교에 빠진 중놈'이라며 모욕하고 괴롭혔다.

이미 소과에 합격해 성균관 입학 자격이 충분했지만 유교를 숭상하고 불교를 억제하는 조선에서 스님이 되려고 했던 이이를 곱게 보지 않았던 것이다.

"나는 너희들과 싸우려고 성균관에 입학한 것이 아니다. 나라에서는 우리에게 무료로 기거할 기숙사와 노비까지 주지 않았느냐. 이는 모두 백성들이 낸 세금 덕분이다. 삼복더위에 백성은 농사를 짓다 쓰러져 죽는데 너희는 고작 나 하나를 놀려 먹기 위해 공부를 뒷전으로 하며 몰려다니는 것이냐?"

이이는 유생들의 괴롭힘에 당당히 맞서며 열심히 공부했다. 대과에 합격하려면 초시, 복시, 전시 무려 세 번의 시험을 치러야 했으며, 합격자는 3년에 한 번 고작 33명이었기 때문이다. 왕세자뿐 아니라 전국의 천재들이 모두 성균관에서 과거를 준비하고 있었다. 어머니를 여의고 공부에 매진하지 못했던 세월을 생각하며 이이는 누구보다 최선을 다했다.

"장원 급제자 납시오!"
"구도장원공 납시오!"

1564년, 이이는 스물아홉 살이 되던 해에 장원 급제하여 어사화를 쓰고 금의환향했다.

생원 초시, 생원 복시, 진사 초시, 대과 초시, 대과 복시, 대과 전시 등에서 모조리 장원을 휩쓴 것이다.

동네 사람들은 소과 초시, 복시, 특별 시험에 이어 대과까지 모두 아홉 번 장원 급제한 이이를 구도장원공이라 불렀다.

밤나무가 수천 그루 있는 파주 율곡리 작은 마을에 구도장원공

이이가 입장하자, 마을 사람들은 춤을 추며 기뻐했다. 그때 노란 나비 한 마리가 주위를 뱅글뱅글 돌더니 어사화에 사뿐히 내려앉았다.

"네가 대과에 급제하여 큰 뜻을 이룬다면 이 어미는 어사화와 함께 춤을 출 것이다."

이이는 어머니의 말씀이 떠올랐다.

산 너머에 해가 뉘엿뉘엿 지고 있었다. 붉게 물든 하늘은 어머니의 품처럼 따뜻해 보였다.

| 인터뷰 | **선접꾼 천씨를 만나다** |

기자   선접꾼은 무엇을 하는 사람입니까?

천씨   혹시 과거 시험장을 가 보았습니까?

기자   성균관에 있는 명륜당 마당이나 근정전 말이지요? 그렇다면 가 보았습니다.

천씨   그 좁은 곳에 과거 시험 응시자가 많게는 10만 명이 들어갑니다.

기자   10만 명이요?

천씨   전국에서 선비들이 몰려오니 응시장 문이 열리면 그야말로 난장판이지요. 어찌 선비뿐이겠습니까? 부자 양반이라면 수행하는 사람들까지 어휴 정신이 하나도 없지요. 선비들은 시험 문제가 잘 보이는 맨 앞자리에 서로 앉으려고 밀고 밀치고 그 경쟁을 말해 무엇합니까?

기자   그렇겠군요. 뒤에 앉는 응시자는 시험 문제도 안 보이겠어요.

천씨   당연하지요. 그래서 저처럼 양반 대신 과거 시험장의 앞자리를 미리 잡아 지키고 있을 '선접꾼'이 필요한 거죠.

기자   아, 선접꾼은 과거 시험에서 응시자를 대신해 좋은 자리를 맡아 주는 사람이군요?

천씨   맞습니다. 바로 그게 제 직업이지요.

심층 보도 | **조선의 복잡한 과거 제도 한 방에 이해하기**

과거 시험은 원칙적으로 3년에 한 번 실시했어요. 시험의 종류는 크게 문과와 무과, 잡과 시험이 있었고요. 조선은 유교를 중시하는 사회였기에 유교 소양을 시험 보는 문과가 가장 중시되었겠지요?

문관 채용 시험인 문과는 소과와 대과로 나뉘어요.

소과 합격자는 초급 문관에 임명되었고, 대과에 응시하는 자격과 성균관에 입학하는 자격을 모두 얻었어요.

대과(초시 → 복시 → 전시)는 소과 합격생이나 성균관 학생이 응시했던 시험이에요. 초시(1차 시험)에서 240명을 뽑고, 복시(2차 시험)에서 최종 합격자 33명을 선발하였어요. 우리가 말하는 과거 급제자는 복시 합격자를 말해요. 복시 합격자는 최종적으로 왕 앞에서 등위를 정하는 전시(3차 시험)를 치러요. 전시에서 일등을 장원이라 하였는데, 장원 급제자는 이 많은 시험에서 당당히 일등을 한 사람을 말하지요.

어느 유생의 일기 — 성균관 유생의 하루

1538년 5월 3일 월요일

"둥!"

"일어나시오!"

이른 새벽부터 북을 치며 깨우는 돌쇠의 외침에 귀를 틀어 막았으나 또다시 북이 두 번 울렸다.

"세수하시오!"

어제 공부를 늦게까지 했더니 몸이 물먹은 솜처럼 무거웠지만 의관을 정비하고 자리에 앉아 책을 읽었다.

"어휴, 저놈의 돌쇠 녀석!"

시험만 생각하면 너무 스트레스야!

노는 것을 좋아해 어제 늦게 들어온 이 선비와 박 선비는 졸린 눈을 비비며 푸념했다. 우리는 4명이 함께 방을 쓰는데 꽤 친하여 자주 어울리며 공부도 함께하는 그야말로 찐친(진짜 친구)들이다.

"둥! 둥! 둥!"

정신 차리고 책을 읽는데 급식 시간을 알리는 북이 세 번 울렸다.

아침밥보다는 잠을 더 자고 싶었지만 '도기'라는 장부에 이름을 적어야 1점씩 점수를 받으니 우선 식당으로 향했다.

　3백 번을 출석하여 점수를 받아야 과거 시험에 나갈 수 있어 성균관에서 아침 식사는 필수였다. 식당 근처에서 향긋한 냉이된장국 향을 맡으니 어머니 생각이 났다. 얼른 장부에 서명하고 돗자리에 앉아 식사를 했다.

　1교시 수업이 곧 시작될 거라 마음이 바빴다. 오전 수업이 끝나면 매일 배운 것을 점검하는 일강 시험이 있다. 혹시 오늘 배운 부분을 읽고 풀이하지 못해 회초리를 맞으면 어쩌나 하는 생각에 소화가 잘 안 되는 것 같다.

　곧 있을 식년시에 응시해 꼭 합격하리라 다짐해 본다.

과거 시험 문제 파헤치기

- 올바른 신하를 얻기 위한 방법을 써라.
  (1407년 태종 7년)

- 효율적인 인재 양성 방법을 써라.
  (1435년 세종 17년)

- 도둑의 수가 늘어나는 이유와 해결책을 써라.
  (1457년 세조 6년)

- 삼봉도(독도) 문제의 해결책을 써라.
  (1472년 성종 3년)

세상에 귀하지 않은 사람은 없다

세종 대왕이 병으로 돌아가시고 문종이 왕위를 물려받았다. 그런데 아버지 세종의 3년 상을 치르자마자 문종도 병으로 승하하고 만다.

문종에게는 아들 단종과 경혜 공주가 있었다. 열두 살밖에 안 된 어린 단종이 왕위를 물려받았지만 삼촌인 수양 대군, 훗날 세조에게 왕위를 빼앗기고, 왕위를 찾는 일에 가담했다는 이유로 귀양을 가서 죽게 된다. 경혜 공주의 남편 또한 단종을 도왔다는 이유로 죽게 되면서 공주는 관노비가 될 상황에 처하게 되었다.

"나는 왕의 딸이고 이 나라의 공주다. 왕의 명령에 따라 귀양은 왔으나 감히 나에게 관비[12]의 사역을 시킨단 말이냐?"

가녀린 모습과 달리 당당한 공주의 목소리는 마을 수령의 기를 죽이기에 충분했다.

경혜 공주는 집으로 돌아왔다. 그녀는 여느 양반 댁의 노비처럼 해지고 지저분한 옷을 입고 있었다. 빛나는 눈동자가 아니었다면 누구도 그녀를 지체 높은 공주로 보지 못할 만큼 야위고 초라한 모습이었다.

"마마! 괜찮으십니까? 뭘 좀 드셔야지요."

어린 시절부터 경혜 공주와 함께 자란 김 상궁이 말했다.

"김 상궁! 나 때문에 궁에서 쫓겨난 자네를 보면 내가 늘 미안하고 고맙네."

여느 때라면 수확의 기쁨으로 곳간이 가득 찼어야 할 다른 집들도 사실 공주의 집과 사정이 딱히 다르지 않았다. 추수를 앞두고 태풍이 불어 과일은 썩고 곡식은 홍수에 쓸려 내려간 것이다. 그동안 동생 단종과 남편을 잃고 귀양지에서 고생하는 경혜 공주를 불쌍히 여긴 마을 주민들은 몰래 곡식을 문 앞에 두고 가곤 했었다. 하지만 지금은 누가 누구를 도울 상황이 아니었다.

"어린 임금은 돌아가시고, 공주님은 굶주리고 계신데 흉년까지 들다니! 이 나라가 어찌 될꼬……."

마을 사람들은 누가 들을까 걱정하며 중얼거릴 뿐이었다.

밤새 잠을 못 이루고 뒤척이던 경혜 공주는 관아로 향했다.

12) 관비 : 관아에서 고을 수령들의 숙식을 책임졌던 여자 노비

"임금은 나라에 의지하고, 나라는 백성에 의지하므로 백성은 나라의 근본이며 임금의 하늘이다. 임금 된 자가 이 이치를 안다면 백성을 사랑하지 않을 수가 없다."

수령은 깜짝 놀라 경혜 공주를 바라보았다.

"『조선경국전』에 적혀 있는 말이오. 수령은 이 말을 어떻게 생각하는가?"

수령은 관노비에 가까운 처지인 공주에게 무어라 말을 해야 할지 당황스러웠다.

"꿀 먹은 벙어리가 되었는가? 환과고독[13]을 챙기는 일은 왕이 가장 우선해야 하는 일이다. 태조 대왕께서 하신 말씀이니라. 어서 구황[14]정책을 펼치거라."

수령은 야무지고 당찬 공주의 말에 탄복하여 관아 창고를 살펴보았다.

가난한 백성을 돕기 위해 쌓아 놨던 곡식에 여유가 있었다.

수령은 이방을 향해 소리쳤다.

"지금 가장 굶주리고 있는 백성이 누구인지, 가족의 수는 몇 명인지 철저하게 조사하거라. 또, 앞을 보지 못하는 소경이나 장애인을 위해서는 무료 급식소를 열고 곡식을 빌려 주거라."

경혜 공주가 관아를 나서려는데 김 상궁이 보이지 않았다.

"김 상궁! 김 상궁!"

김 상궁을 찾아 관아 뒤뜰로 가니 어린아이들이 술래잡기를 하고 있었다. 청명한 가을 하늘 아래 뛰노는 아이들의 해맑은 미소를 보니 힘든 마음도 눈 녹듯 사라지는 것 같았다. 그때 만삭의 관노비가 머리에 물독을 지고 와 장독을 닦기 시작했다. 아이 둘이 뛰어와 그녀에게 매달렸다.

"어머니!"

관노비는 이마에 흐르는 땀을 닦으며 아이들을 반갑게 안았다.

"마마, 일은 다 보셨습니까?"

김 상궁은 소변이 마려워 뒷간에 들렀다 온 모양인지 머쓱해하며 머리를 조아렸다.

관노비도 경혜 공주를 보더니 쩔쩔매며 인사했다.

"여봐라. 보아하니 출산이 임박한 것 같은데 어찌 아직 일을 하고 있느냐?"

경혜 공주가 물었다.

"소인은 주방에서 참모로 일하는 관노비입니다. 장맛이 변하면 집안이 망한다고 하지 않겠습니까? 소인 출산 휴가를 갖기 전에 장독 관리를 하고 있습니다요."

"출산이 얼마나 남았느냐?"

"한 달여 남았습니다요."

---

13) 환과고독 : 외롭고 의지할 곳이 없는 사람을 비유해 이르는 말
14) 구황 : 천재지변이나 기근 등으로 먹을 것이 없는 사람들에게 곡식 등을 지급하는 정책

"출산 일주일 전에는 휴가를 꼭 챙기거라. 또, 아이를 키우는 백일 간은 나라가 보장한 휴가 기간이니 아이를 키우는 일에만 집중하여야 한다."

"네, 감사합니다. 감사합니다."

"아이들의 아비 또한 너의 산후 조리를 도와야 하니 삼십 일 동안은 휴가를 챙기도록 하고."

"아이고 감사합니다. 그렇지 않아도 사또 나으리가 좋은 분이어서 그리하기로 하였습니다."

"그래, 세종 대왕께서 정하신 일이니 꼭 지키거라. 남자아이가 둘에 배 속 아이까지 낳으면 나라에서 쌀과 콩 열 석을 하사하는 걸 알고 있느냐? 일 년치 곡식이니 꼭 타서 먹도록 하고."

"감사합니다. 저희 같은 천한 노비까지 챙겨 주시니 몸 둘 바를 모르겠습니다."

"하늘 아래 귀하지 않은 것이 있겠느냐? 네 아이들이 뛰노는 모습이 꽃과 나비 같더구나. 순산하여 귀하게 키우거라."

말을 마친 경혜 공주는 관아를 나섰다.

김 상궁은 공주가 넘어질까 부축하며 물었다.

"마마! 선왕께서는 정말 좋은 분이셨지요?"

"그럼, 그렇고말고. 세종 대왕께서는 백성을 참 사랑하는 분이셨지. 장마가 길면 비가 그치기를 비는 기도를 하셨고, 가뭄이 들면 비가 오기를 청하는 기우제를 지내셨단다. 그분의 관심은 오롯이 백성에게만 있으셨지."

김 상궁은 고개를 끄덕였다.

비록 궁에서 쫓겨났으나 경혜 공주의 마음속에는 왕족으로서의 뜨거운 피가 흐르고 있었다. 훌륭한 할아버지의 뜻을 받들어 어디서든 백성을 위하는 삶을 살아야겠다고 단단히 마음을 먹었다.

그때, 그들 앞에 소경이 지팡이로 길을 찾으며 걷고 있었다. 경혜 공주는 위태롭게 걷는 소경에게서 한참 동안 눈을 뗄 수 없었다. 소경이 넘어지려 하자 한 사내가 나타나 소경을 부축했다. 가족같아 보이지는 않았는데 그 사내는 소경을 살뜰히 챙겼다. 그래서인지 소경의 차림새는 깨끗했고 옷도 해진 곳이 없었다.

"마마! 소경도 깨끗하고 성한 옷을 입은 걸 보니 저희보다 처지가 나아 보입니다."

"소경을 돕는 도우미를 나라에서 채용했으니 그럴 수밖에."

김 상궁은 씁쓸한 미소를 지었다.

"소경에게도 도우미를 하사하는 좋은 나라에서 어찌 공주님을!"

"쓸데없는 소리 하지 말거라. 앞을 못 보는 사람, 듣지 못하거나 말을 못하는 사람, 몸이 불편한 사람을 나라에서 돌보는 것은 당연한 것이다."

"마마의 곳간에는 쌀 한 톨이 없는데 저들에게는 나라에서 곡식도 나눠 주지 않습니까?"

"이 나라 조선은 장애를 가진 사람도 스스로 먹고 살 수 있도록 여러 제도와 정책을 만들었지. 그냥 먹을 걸 주는 게 아니라 일을 해서 돈을 벌 기회를 주니 얼마나 멋진 일이냐. 소경을 위해서는 '명통시'를 만들어 기우제를 지낼 때 소원을 빌게 하거나 거문고를 연주하고, 시를 읊는 일을 시키지 않느냐. 일을 한 대가로는 월급으로 쌀을 주고 말이다. 또 그들에게는 세금도 걷지 않고 부역도 면제해 주지."

경혜 공주는 고개를 들어 하늘을 올려다보았다.

"나는 동생과 남편을 잃었다. 하지만 내게는 훌륭한 할아버지의 피가 흐르지 않느냐. 할아버지께서 만드신 이 좋은 제도와 정책들을 백성들이 오래오래 누리도록 돕고 싶구나."

"마마, 불평해서 송구하옵니다."

"이 나라는 노비일지라도 여든 살이 넘으면 나라에서 양로연을 열어 주지. 너와 나도 오래오래 살아 양로연에서 춤도 추고 고기도 실컷 먹어 보자꾸나."

경혜 공주는 내일의 삶이 위태로운 상황에서 할머니가 된 모습을 생각하니 마음이 따뜻해졌다.

붉게 물들어 가는 저녁 하늘에 철새 떼가 아름답게 줄을 맞춰 날아갔다. 경혜 공주와 김 상궁은 희망을 노래하며 천천히 걸어갔다.

조선의 별별 정책 — 중매쟁이 임금님~!

백성 님이 들어왔습니다.

백성: 전하, 제 여동생이 서른 살이 넘었는데도 아직 결혼을 못 했습니다. 굽어살펴 주시옵소서.

임금: 안타깝도다. 내 호조에 알려 네 여동생에게 혼수를 제공할 터이니 신랑감을 알아보도록 하라!

백성: 성은이 망극하옵니다.

임금: 네 주변에 결혼을 못 한 사람이 더 있느냐?

백성: 네, 전하. 가난하여 아직 짝을 찾지 못하는 사람들이 있습니다.

임금: 안타깝도다! 전국에 서른 살 이상 미혼 여성의 숫자를 조사하여 혼인 보조금을 지급하도록 하겠노라.

조선 시대에는 노총각과 노처녀를 결혼시키는 복지 제도가 있었어요. 조선 최고의 법전인 『경국대전』에는 가난하여 서른 살이 넘도록 결혼하지 못하면 국가에서 혼례 비용을 보조해 줘야 한다는 내용이 있어요. 이를 통해 결혼을 장려한 정책이 있었다는 걸 알 수 있지요.

성종은 전국의 스물다섯 살 이상의 처녀들을 조사해 쌀이나 콩을 혼수로 주고 결혼할 수 있도록 지원했어요.

중종은 "가난 때문에 혼인을 못 한 노처녀들에게 관이 혼수를 보조하여 시집가게 하도록 하라."고 명하기도 했어요.

정조는 혼기를 넘긴 미혼자를 조사하여 2년마다 한 번씩 결혼시켰어요. 또한 "판관들이 방방곡곡 백성의 집을 두루 돌아다니며 살펴서 단 한 사람의 홀아비도 없게 하라."고 명하였어요.

그것이 알고 싶다 ① 진휼이 뭐예요?

선생님, '진휼'이 뭐예요?

진휼은 천재지변이 발생하거나 흉년이 들었을 때 해당 지역 사람들에게 곡식 등을 지급하는 제도이지.

세종 대왕 27년, 1445년에 큰 흉년이 들었단다. 이때 21만 7000세대에 273만 8000석의 곡식을 무료로 지급했다는 기록이 있지. 한 가족을 4명씩 잡아도 80만 명 이상의 사람들이 혜택을 받았다는 걸 알 수 있단다. 당시 조선의 인구가 580만 명이었으니 진휼의 규모를 예상할 수 있겠지?

 **환곡이 뭐예요?**

 선생님, '환곡'이 뭐예요?

 춘대추납이라고 들어 봤니? 추수한 쌀이 다 떨어지고 보리가 익기 전, 백성들은 봄마다 식량이 부족해서 굶주렸지. 그걸 보릿고개라고 한단다. 보릿고개처럼 식량이 떨어진 봄에 나라에서 곡식을 빌리고 가을에 이자를 붙여 갚는 것을 말해.

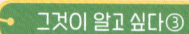 **시식이 뭐예요?**

 선생님, '시식'이 뭐예요?

 무료 급식소가 어떤 곳인지 알지? 시식은 굶주리는 사람들을 일정한 장소에 모아 놓고 밥이나 죽을 주는 것을 말한단다.

화제의 뉴스   노인을 위한 나라는 없다? 아니 있다!

여러분은 알고 있었나요? 국제연합(UN)은 매년 10월 1일을 '세계 노인의 날'로 선포하였고, 우리나라는 1997년부터 10월 2일을 '노인의 날'로 제정했다는 것을요. 우리나라의 독거노인은 2022년 기준 약 200만 명에 달해요.

우리나라에서는 노인 문제를 해결하기 위해서 만 65세 이상의 노인들에게 '기초 노령 연금'을 지급하고 있으며 노인 복지 시설을 만들거나 노인 건강 관리, 일자리 창출을 위해 노력하고 있어요. 그럼 조선 시대에도 노인 복지 제도가 있었을까요?

조선은 '노인을 위한 나라'였어요.

태조는 부모가 80세 이상이면 군역을 면제해 주었어요.

세종은 100세 이상의 노인에게 연초에 쌀을 주었고, 매월 술과 고기를 나누어 주었어요. 또한 90세 이상의 노인에게는 매년 술과 술잔을 주었고, 80세 이상의 노인은 지방관이 직접 대접하게 하였지요.

숙종은 노인에게 일자리를 주었고, 계급이 있는 자는 한 계급을 특진시켰어요. 또한, 노부모나 조부모가 있는데 모실 사람이 없으면 죄를 지은 사람도 형을 낮추고 노인을 봉양하도록 하였어요.

조선 시대에는 노인을 위한 '기로소'라는 관청이 있었어요. 지금으로 치면 노인 복지관이나 경로당 같은 곳이에요. 이런 정책을 보면 조선이 얼마나 노인을 공경하는 사회였는지 알 수 있겠죠?

2장

백성의 삶을
돌보아라!

조선의 신분 · 병역 · 환경 제도와 정책

곡비와의 약속을 지킨 박제가

"암행어사 출두요!"

"부여 현감 박제가는 들어라. 금년 충청 지역의 가뭄으로 진휼하라는 명이 내려왔거늘, 굶는 자를 가려 뽑지 못하고 세금을 독촉하여 고을 백성의 가난을 구제하지 못하였다. 이에 조정에 너의 파면을 요청할 것이니 자리를 보전할 생각일랑 말고 죄를 뉘우치거라."

관아를 뒤흔드는 쩌렁쩌렁한 암행어사의 호통에 현감 박제가는 고개를 숙였다.

서얼 출신의 박제가를 부여 현감으로 임명한 건 정조 대왕이었다. 서얼 차별법에 대항하여 똑똑하고 유능한 인재 박제가를 현감으로 등용한 건 정조에게도 쉽지 않은 결정이었다. 박제가는 임금의 믿음에 보답하지 못한 자신이 한없이 부끄러워 고개를 숙였다.

박제가는 무거운 발걸음으로 관아를 나섰다.

작년까지만 해도 활기 가득했던 시장에는 굶주려 피골이 상접한 백성들이 구걸하고 있었다. 힘없이 어미젖을 찾는 아기는 마른 젖이라도 물려고 안간힘을 썼다. 박제가는 자신을 꾸짖었던 암행어사의 호통보다 굶주린 백성들의 모습을 보는 것이 더 힘들어 목이 메었다.

그때였다. 멀리서 가녀리게 들리던 구슬픈 여자아이의 울음소리가 점점 가까워졌다.

"아이고 아이고-."

누가 죽었는지 멀리서 상여[1]를 멘 상여꾼들이 보이고 맨 앞에 선 계집종이 서글피 곡소리를 내며 울고 있었다.

"곡비……."

박제가는 어린 시절 아버지가 돌아가셨을 때를 떠올렸다.

서얼이라는 자신의 처지가 서러워 글을 멀리할 때 아버지는 중국에서 구한 귀한 서책을 방에 몰래 넣어 주시곤 했다. 아버지를 아버지라 부르지 못하고 대감마님이라 불러야 했지만 아버지의 사랑은 늘 박제가의 가슴속에 자리 잡고 있었다. 그런 아버지가 돌아가셨지만 박제가는 울 수 없었다.

1) 상여 : 상을 당하여 발인한 후 죽은 사람의 시신을 장지까지 운구하는 도구

아버지가 돌아가셨을 때 박제가의 나이는 고작 열한 살이었다.

'감히 서얼 따위가.'

어린 제가는 울 수 없는 설움으로 이를 악물었다. 누구도 아버지를 위해 진심으로 우는 이 또한 없었다. 그때 제가의 눈에 띈 소녀가 있었다. 그 소녀는 3일을 먹지도 눕지도 않고 "아이고 아이고." 구슬프게 곡을 하였다.

'저 아이는 아버지를 어찌 알고 저리 서글피 우는 걸까?'

제가는 소녀의 구슬픈 울음소리에 저도 모르게 터져 나오는 울음을 애써 참았다.

달이 밝은 밤이었다.

제가가 뒷마당 처마 밑에 앉아 남몰래 눈물을 훔치는데 그 소녀가 다가왔다.

"자! 여기."

소녀는 제가에게 하얀 은목서꽃을 건넸다.

제가는 퉁퉁 부은 눈으로 소녀를 올려다보았다.

"향이 좋아 천 리까지 진동한다는 은목서꽃이야."

"이걸 왜 나한테 주는 거지?"

제가는 의아한 표정으로 소녀에게 물었다.

"슬퍼 보여서……. 아무도 없는 데서 몰래 우는 걸 몇 번 봤거든. 은목서는 가을에 피는 꽃이야. 아무도 이렇게 아름다운 꽃이 필 거라 생각 못 할 때 남몰래 피지."

소녀는 영문 모를 말을 지껄였다.

"그런데 계집아이인 네가 대감마님을 어찌 알고 밤낮으로 곡을 하는 것이냐?"

제가는 궁금함을 가득 담아 물었다.

"나는 양반님네에 상이 나면 돌아가신 분을 위해 우는 노비야. 곡을 하는 노비인 나를 사람들은 곡비라고 불러. 일종의 내 직업이지."

"그럼 슬프지도 않은데 가짜 울음을 운다는 것이냐?"

제가는 화가 나서 물었다.

"슬픔? 너는 나무꾼이 나무하는 일이 재미있어서 산에 오른다고 생각하니? 농부는 농사짓는 일이 재밌기만 할까?"

"참으로 기가 막히는구나. 너는 슬픔을 대신할 수 있다고 생각하는 것이냐?"

제가는 이 상황이 이해되지 않았다.

"넌 노비에게 선택권이 있다고 생각하니? 우리 어머니가 곡비였으니 난 태어날 때부터 곡비야. 그게 내 운명이지. 그래야 밥 한술이라도 얻어먹을 수 있거든."

"울어야 먹고살 수 있다니 너도 참 가련하구나."

"노비가 다른 마음을 품으면 삶이 힘들어진다고 어머니가 그러셨어. 도망가면 추노꾼[2]들이 쫓아오고, 양반님께 미움받으면 곡비 자리도 위태로우니까."

"슬픔을 참아야 하는 나나, 울고 싶지 않아도 울어야 하는 너나 모두 가여운 처지구나."

제가는 자신과 소녀의 처지가 한없이 처량하게 느껴졌다.

"넌 입성[3]도 곱고 나랑은 처지가 다른 것 같은데 왜 숨어서 우는 거니?"

당돌한 소녀의 질문에 제가는 누구에게도 말하지 않았던 속내를 털어놓았다.

"나는 이 집에서 있어도 없는 사람이거든."

"그게 무슨 말이야? 버젓이 있는 사람이 왜 없는 사람이라는 거야?"

"난 이 집의 서자야. 아버지가 돌아가셔도 예를 갖출 수 없는 첩의 자식이라고."

제가의 말에 곡비는 깜짝 놀라 어쩔 줄 몰라했다.

2) 추노꾼 : 도망간 종을 찾아오는 일을 전문적으로 하는 사람
3) 입성 : 옷을 속되게 이르는 말

"도련님! 죄송해요. 제가 몰라뵈었어요."

"도련님? 그리 부르지 마. 너나 내 처지는 다르지 않아. 저 달을 보렴. 달이 모습을 달리한다고 달이 아닌 게 아니듯 어떻게 태어났는지가 사람의 지위를 결정할 순 없어."

소녀는 고개를 들어 달을 올려다보았다.

보름달이 환한 밤, 은목서꽃이 그들을 위로하듯 흔들렸다.

"약속할게! 은목서 향기는 양반이든 노비든 차별을 두지 않잖아. 누구든 차별받지 않게 내가 세상을 바꿔 볼게."

"나으리! 현감 나으리가 아니십니까?"

잠시 옛 생각에 잠겨 있던 박제가는 그를 부르는 상주의 소리를 듣고는 고개를 들었다.

"어, 자네 이 선비 아닌가? 누가 돌아가셨는가?"

"네, 저의 부친께서……."

"자네 마음이 많이 힘들겠군. 내가 미처 마음을 쓰지 못했네. 좋은 곳으로 모시게."

상여는 잠시 멈췄다가 다시 움직였다. 그런데 곡비의 모습이 낯설지 않았다.

'저 아이는?'

"우리 어머니가 곡비였으니 난 태어날 때부터 곡비야."

박제가는 어렸을 때 곡비 소녀가 했던 말을 떠올렸다.

'저 아이는 아마도 그 곡비의 딸일지도 모르겠구나.'

멀어지는 상여와 함께 울리는 곡비의 목소리가 박제가의 심금을 울렸다. 그리고 그날 소녀와 했던 약속을 지키지 못했다는 미안함도 함께 몰려왔다.

'세월이 흘렀지만 네 신세는 여전히 처량하구나. 네가 말했지? 은목서꽃은 아무도 눈치채지 못할 때 피어난다고. 곧 은목서 향이 그득한 세상이 될 것이다. 내가 그리 만들 것이다. 태어난 신분이 아닌 자신의 의지에 따라 뜻을 펼치고, 노력하면 누구라도 성공할 수 있는 세상. 내가 더 노력할 것이다.'

박제가는 급히 관아로 향했다.

그동안 자신이 놓친 것이 무엇인지 살피고 또 살폈다. 그리고 정성을 다해 상소를 썼다.

소인은 주상 전하의 큰 뜻을 받들어 백성을 위해 일해야 하는 현감임에도 불구하고 경험이 미력하여 백성을 잘 살피지 못하였나이다. 제게 큰 벌을 내리신다면 달게 받겠습니다. 다만 저는 몸을 낮추고 또 낮추어 백성을 위해 한평생 살아가고자 합니다. 부족한 저이지만 쓰임이 필요한 곳이라면 살이 에이도록 춥거나 해가 이글거려 숨이 막히는 곳이라도 기쁜 마음으로 가겠나이다. 저의 뜻을 굽어살피어 주시옵소서.

박제가의 상소를 읽은 정조는 생각이 깊어졌다. 어사의 상소와 박제가의 상소를 번갈아 보던 정조는 어쩌면 박제가는 서얼이라는 이유로 암행어사의 더 엄격한 잣대에 걸려든 게 아닌가 하는 생각을 하게 되었다. 힘 있는 수령은 봐주고 뒷배가 없는 박제가의 작은 실수는 문제 삼는 걸 수도 있었다.

하지만 정조는 어사의 상소대로 박제가를 부여 현감에서 파직했다. 그러나 다음 해 박제가가 무과에서 장원으로 급제하자 영평[4] 현감으로 발령했다.

박제가는 자신의 다짐대로 영평 백성들에게 인기가 많은 수령이 되었다. 백성들의 아픔에 공감하고, 억울한 일은 명명백백 밝히며, 가난하여 도움이 필요한 백성들의 굶주림을 해결해 주었다.

또, 당시 많은 사람들을 죽음으로 몰고 갔던 천연두의 치료법으로 '종두법'을 연구해 친구 정약용과 함께 많은 사람을 살렸다. 둘은 뜻을 같이하며 영평 지방의 아이들에게 종두를 시술했다. 천연두로 목숨이 위태로웠던 사람들은 종두 시술로 목숨을 구할 수 있었다.

아버지는 양반이었으나 어머니는 정실부인이 아닌 첩이었기에 서자라는 출신은 박제가의 앞길을 막는 걸림돌이었다. 그의 출세는 늘 양반의 질투를 받곤 했다.

하지만 그를 알아보고 등용한 정조의 뜻대로 그는 신분과 상관

없이 세상을 이롭게 하는 사람이 되었다.

　은목서꽃이 흐드러지게 핀 날 곡비에게 한 약속대로 누구나 차별받지 않는 세상으로 한 발짝 나아간 것이다.

4) 영평 : 경기도 북동부에 있던 행정 구역(지금의 포천 인근)

> 세상에 이런 일이 **양반 신분을 돈으로 살 수 있었다고?**

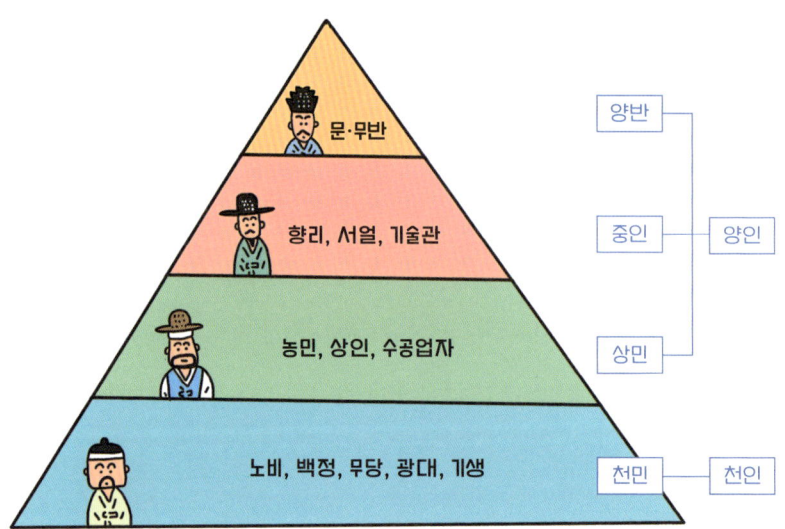

조선의 신분제는 양천제로 크게 양인과 천인으로 구분했어요.

양인은 과거 시험에 응시할 수 있었어요. 천인은 노비, 백정, 무당, 광대, 기생 등을 칭했어요. 양인 중에서도 문무 양반은 다른 양인들과는 달리 큰 권력을 가졌어요. 과거 시험을 통해 높은 직위에 올라갈 수 있었거든요.

그런데 이런 귀한 양반 신분을 돈으로 살 수 있었다고 하는데, 어떻게 그런 일이 가능했을까요?

조선 후기에는 농사법이 발달하면서 부자 농민들이 많이 생겨났어요. 농민들은 돈을 주고서라도 양반 지위를 사고 싶었겠지요? 양반은 군대를 가지 않아도 되고, 세금도 면제받을 수 있었으니까요. 그래서 돈이 많은 농민들은 '공명첩'을 사서 양반이 되었어요.

공명첩은 이름이 적혀 있지 않은 백지 임명장이에요. 쉽게 말해 반장, 부반장 임명장에 이름이 비어 있는 것과 같아요.

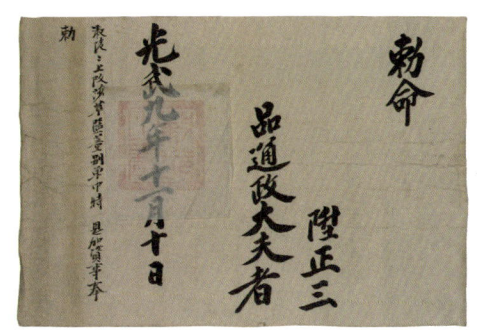
공명첩(국립한글박물관 소장)

조선 정부는 국가 재정이 부족하거나 흉년으로 백성의 삶이 어려울 때 수시로 공명첩을 발행하였어요. 돈이 필요했기 때문이지요. 그래서 조선 후기에는 양반의 수가 매우 많아졌답니다.

 속보 노비가 해방되다!

1894년 갑오개혁! 신분제를 폐지하다

속보입니다!
순조 원년(1801년) 공노비 해방 이후, 이번 갑오개혁으로 사노비가 해방되었습니다. 이제 조선의 신분제는 역사 속으로 영원히 사라지게 되었습니다.

> 취재 파일
> 아버지를 아버지라 부르지 못하는
> 서얼, 그들은 누구인가?

조선 시대의 악법 '서얼 차별법'
정조, 서얼 차별을 없애다

조선은 신분제의 나라였다. 양반과 양반이 결혼하여 낳은 아이는 양반이 되었고 그 신분은 대를 이었다. 양반은 고위 관직에 진출하여 사회적 지위와 경제적 부를 유지했다.

그러나 '아버지를 아버지라 부르지 못하고, 형을 형이라 부르지 못하는' 홍길동 같은 아이들도 많았다. 그들이 바로 서얼이다.

서얼은 양반과 양인 사이에서 태어난 서자와, 양반과 천인 사이에서 태어난 얼자를 말한다. 아버지는 양반이지만 양반이 아닌 어머니의 신분 때문에 서얼들은 아무리 똑똑해도 높은 관직에 진출하지 못했다. 또한 아버지를 아버지라 부르지 못하고 대감마님이라 부르며 주변의 업신여김을 당했다.

그러나 정조는 규장각에 '검서관'이라는 자리를 만들어 서얼이었던 유득공, 박제가, 이덕무, 서이수를 등용했다.

검서관은 낮은 직책이었지만 정조는 이들을 하루에 세 번씩 만나며 함께 공부하고 연구했다. 특히 중국의 신문물을 배우자는 내용을 담은 『북학의』를 쓴 박제가를 총애하여 여러 번 중국에 보내 중국 전문가로 만들기도 했다.

> 지구촌 탐험 **다른 나라의 신분제** |인도 편|

인도의 신분제를 '카스트 제도'라고 해요. 1950년에 헌법에 명시하여 폐지되었다고는 하지만 아직도 생활 속에서 완전히 없어진 건 아니라고 해요.

인도의 카스트 제도 내에서는 개인의 노력으로 신분을 바꿀 방법이 없었어요. 직업 또한 마찬가지였어요. 부모가 노예이면 자식은 당연히 노예가 되고, 부모가 왕족이면 자식은 노력 없이도 왕족이 되는 구조였어요.

인도 사람들은 얼마나 억울했을까요? 그래도 법적으로 카스트 제도가 폐지되었다니 참 다행이에요.

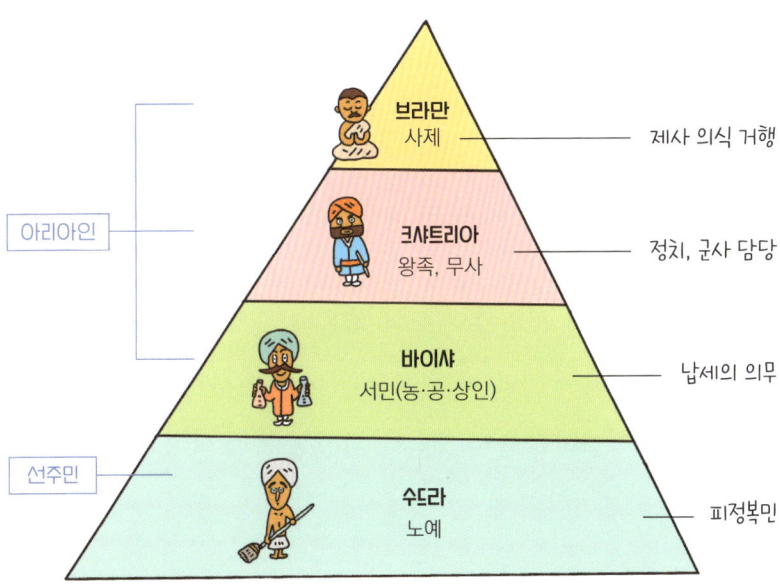

내가 누군지 몰라?

 칠복은 연신 이마에서 흐르는 땀을 닦으며 부채질했다. 올여름 무더위는 칠복의 인생에서 가장 더워 도저히 참아 내기가 힘들다. 그도 그럴 것이 이 정도 더위라면 웃통을 벗고 등목을 하거나 계곡물에 뛰어들어야 하는데 겹겹이 비단옷을 껴입고 버선도 벗지 못한 채 책을 읽어야 하다니 머리까지 지끈거렸다.
 "허험."
 헛기침도 해 보고 물도 사발째 마셔 보지만 도저히 참을 수가 없는 삼복더위다.
 칠복은 지난여름 더위를 식혔던 계곡이 생각나 자리에서 벌떡 일어났다. 그곳에서 어릴 적 친구들과 어울려 나이도 잊은 채 물장구를 치던 자신의 모습이 생각나 피식 웃음이 나왔다.
 주변을 두리번거리며 산 아래 계곡을 찾았다. 갓끈을 풀고 버선을 벗었더니 살랑 부는 바람에 기분이 날아갈 것 같았다. 이글거리는 태양을 보니 눈이 시렸지만 계곡물 소리에 마음까지 시원해졌다.

　옷을 한 겹씩 벗어 나뭇가지에 걸치니 비단 나비가 춤추는 것 같았다. 아무도 없다면 바지까지 벗고 첨벙 물에 뛰어들 참인데 칠복의 오랜 친구 수봉과 막동이 삶은 닭다리를 하나씩 들고는 몸보신을 하고 있었다. 입맛이 없어 아침을 걸렀더니 배에서 꼬르륵 소리가 났다.

　작년 이맘때 칠복도 저들과 함께 수박을 베어 물고는 그늘 아래 드러누워 낮잠을 청했었다. 하지만 지금 칠복은 양반, 저들은 상민으로 신분이 달라졌다. 재작년 봄부터 칠복은 중국 상인들과 무역하여 큰돈을 벌었다. 그리고 입에 풀칠도 못 하던 가난한 양반에게 양반 문서를 사서 족보도 만들고 이씨 성을 만들어 붙였다. 이제 칠복은 이칠복이다.

　"허험."

　칠복이 인기척을 내자, 수봉과 막동이 칠복을 보고는 "칫." 하며 비웃었다.

　"너희는 감히 양반 앞에서 머리를 조아리지 않느냐?"

　칠복은 위엄 있는 목소리로 말했다.

　"지난겨울에 양반이 다 얼어 죽었나? 어디서 양반이 갓과 버선을 벗느냐? 수봉아, 너는 그런 양반을 보았느냐?"

막동이 입을 삐죽이며 말했다.

"아니 이 자식들이 내가 누군 줄 알고 그러는 것이냐?"

"자식이라니? 양반은 아무리 화가 나도 욕하면 안 되는 걸 모르나? 더군다나 양반이 침을 튀며 흥분하다니! 필시 교양 있는 양반님은 아닐 테지?"

수봉이가 약 올리듯 말했다.

"양반이라 함은 오경[5]에 일어나 책을 술술 외워야 하며, 배가 고파도 참고, 더워도 옷을 벗지 않고 견뎌야 한다는 걸 모르오?"

"너희가 작년까지 내 친구였다만, 나는 양반 문서를 샀으니 이제 양반 대접을 받아야겠다. 어디서 양반 앞에서 머리도 조아리지 않고 말을 따박따박 하느냐?"

"그러시군요, 양반 나으리. 막동아, 우리 양반 나으리는 고귀하신 분이니 우리끼리 백숙이나 열심히 뜯자꾸나. 나으리는 어서 가서 서책이나 읽으시지요."

수봉이 놀리듯 말했다.

어찌나 맛있게 닭다리를 뜯는지 칠복은 꼴깍꼴깍 침을 삼켰다.

"양반 나으리, 살덩이라도 하나 드시겠소?"

"나으리가 천한 우리와 어찌 합석하여 음식을 먹겠나? 수봉이 자네도 참……."

---

5) 오경 : 새벽 3시에서 5시 사이

수봉의 말에 막동이 말리며 대꾸했다.

"해도 해도 너무하구나. 내가 누군 줄 알고 너희가 날 놀려 먹는 것이냐?"

"네가 깨벗고 다니던 어린 시절을 우리가 모르더냐? 네가 코 질 질 흘리며 키를 머리에 쓰고 우리 집에 소금 얻으러 왔던 게 눈에 선하다."

막동과 수봉의 놀림에 칠복은 바지춤에서 호패를 꺼내 들었다.

"이것을 봐라. 나는 전주 이씨 가문의 이칠복이다. 성도 없이 대충 사는 너희와는 다르단 말이다. 너희도 호패를 까 보거라. 뭐라 써 있느냐?"

막동과 수봉이 칠복을 무시하자 칠복은 화가 치밀어 그들을 겁박했다.

"양반의 명령을 따르지 않는다면 나는 너희를 관아에 끌고 갈 수밖에 없구나. 감히 양반을 능멸하다니!"

"거참."

막동이 자신의 호패를 칠복에게 던졌다.

"막동, 기유생, 양인, 키가 작고 뚱뚱하다. 눈썹이 짙고 수염이 덥수룩하다."

막동의 호패를 본 칠복은 비웃듯 깔깔 웃었다.

"여기 상세히 적힌 너의 외모가 어찌나 너랑 똑같은지 웃음이 나오는구나."

그 모습을 보던 수봉이 돌멩이를 하나 집어 칠복에게 던졌다.

"우리는 친구였거늘 네가 돈으로 양반 족보를 샀다고 우릴 이렇게 놀려 먹는 것이냐?"

"그래도 친구라고 함께 나누어 먹으려 했거늘 넌 이제 우리랑 친구할 생각은 하지도 말아라."

수봉과 막동이 화가 잔뜩 나서 칠복을 째려보았다.

"아니꼽냐? 그러면 너희도 양반이 되든지!"

"여기들 보시오. 양반이라는 사람이 날이 덥다고 웃통을 까고 버선도 벗어 던져 양반의 체면을 다 깎아내리고 있소."

약이 오른 수봉이 고래고래 소리를 질렀다.

칠복은 눈을 흘기며 옷을 주섬주섬 챙겨 들고는 헐레벌떡 비탈을 올랐다.

길을 가던 양반들이 혀를 끌끌 차며 말했다.

"저 걸음걸이와 천박한 행동이라니! 쯧쯧쯧……."

칠복은 낯이 뜨거워 발걸음을 서둘렀다. 그런데 이게 웬일인가! 칠복의 집 마당에 어릴 적 친구 천보가 와 있었다.

"천보? 네가 여긴 어인 일이냐?"

천보는 양인인 아버지와 노비 어머니 사이에서 태어났다. 이럴 경우 천보는 노비여야 하는데 태종이 만든 노비종부법에 따라 아버지의 신분인 양인이 되었다.

"이보게 칠복이, 나를 자네 집의 종으로 받아 주게."

"종이라니 그게 무슨 말인가? 자네는 양인인데 왜 굳이 천한 신분이 되려고 하는가?"

칠복은 대체 이 상황이 이해되지 않았다.

"칠복이 자네는 모르는가? 양인은 세금을 내야 하고, 군대도 가야 하네. 또, 나라에 공사가 있을 때는 가서 일도 해야 하지. 지금 내가 거느린 식솔이 몇인데 낼 세금이 어디 있으며 내가 군대를 가 버리면 우리 가족은 어쩌란 말인가?"

"허험! 그래도 그게 말이 되는가?"

"자네가 받아 준다면 난 기꺼이 노비가 되어 오직 자네 집을 위해 열심히 일하면서 살겠네. 자네는 나랑 나무도 하고 농사일도 해 봐서 내가 얼마나 일을 잘하는지 알지 않는가?"

천보의 이야기를 들으니 이 나라에서 양인이 되는 것보다는 천민으로 사는 것이 나을지도 모르겠다는 생각이 들었다.

칠복은 아까 개울가에서 친구들에게 당했던 설움을 생각하니 자기에게 와 준 천보가 고마워 그간 쌓였던 속마음을 쏟아 냈다.

"천보! 내 말 좀 들어 보게. 내가 양반이 되어 보니 이 삼복더위에 갓도 버선도 벗을 수 없었네. 비단옷을 겹겹이 껴입는 것도 모자라 집 안에서조차 옷을 편하게 입을 수도 없고 말일세. 소피(소변)가 급한데 뛸 수 없어 하마터면 바지에 실수할 뻔했지 뭔가! 거기에 새벽같이 일어나 책을 읽어야 하고, 침을 튀기며 말할 수도 없네. 내 이럴 줄 알았다면 이까짓 양반 하지 않았을 걸세."

천보는 갸웃하며 고개를 들었다.

"그래도 양반은 그 권세에 따라 노비를 부리고 군역도 피할 수 있지 않는가?"

"그건 그렇지. 나는 상아나 사슴뿔로 만든 호패를 차고 다니는 양반이 그렇게나 멋있어 보였어. 그 호패를 차고 나도 한번 그 권세를 누려 보려 했지. 하지만 양반 그것도 별거 없더군. 자네 말을 들어 보니 이 호패라는 것도 나라를 위해 세금 내고 일할 사람 수를 세기 위해 만든 것이나 다름없지 않나. 에라! 나도 이제 양반 안 할란다."

칠복은 호패를 팽개치고는 웃통을 벗고 망건까지 벗어던진 채 드러누웠다.

체험 활동 내 호패를 만들어 보자!

호패는 조선 시대의 신분증이에요. 16세 이상의 남자는 누구나 차고 다녀야 했어요. 호패에는 착용자의 신분이나 지위, 거주지 등 기본 인적 사항이 담겨 있어요.

※아래 빈 호패를 채워 내 호패를 만들어 보세요.

팩트 체크 호패법, 정말일까?

조선은 건국하자마자 호패법을 실시했다?

호패법은 1413년 조선의 3대 임금, 태종 때부터 실시했어요.

호패는 왕족부터 노비까지 만 16세 이상의 남자만 가지고 다닐 수 있었어요. 왜 남자에게만 호패를 발급했을까요? 호패법은 세금을 얼마나 걷을지, 군인을 뽑거나 나라의 큰 공사에 일할 사람이 필요할 때 남자 수를 파악하기 위한 제도였어요.

백성은 나라를 운영하는 세금을 내고, 국방을 강하게 할 군인이 되어요. 그래서 그 수를 파악하는 것은 매우 중요한 일이었어요.

팩트 체크 ☐ 예 ☑ 아니오

양반과 노비의 호패에 담긴 내용은 같았다?

조선 시대에는 신분에 따라 호패의 내용이 달랐어요.

양반은 귀한 코끼리 상아나 사슴뿔로, 노비는 나무로 만든 호패를 가지고 다녔어요. 호패에 쓰여진 내용도 양반은 이름, 출생 연도, 과거 합격 연도, 호패 만든 시기를 썼다면, 노비는 본인 이름, 주인 이름, 키, 체형, 생김새 등을 써넣었어요.

예를 들어 '김선'이라는 양반의 호패 앞면에 김선, 기유생, 계사문과, 뒷면에 갑진이라 적혀 있다면 김선은 기유년에 태어나 계사년에 문과에 급제한 사람이고, 갑진년에 이 호패를 만들었다는 것을 알 수 있지요.

팩트 체크 □ 예 ☑ 아니오

특종 암행어사의 상징 마패! 다 같은 게 아니라고?

말이 그려진 마패는 공무원이 공적인 일로 지방에 출장을 갈 때 말을 이용할 수 있는 패를 말해요.

드라마를 보면 암행어사는 꼭 마패를 가지고 다니잖아요. 암행어사는 여러 지역을 다녀야 하니 말이 필요했겠죠?

아래 사진을 보면 마패마다 말의 수가 다른데 차이점이 무엇일까요? 마패 앞면에 있는 말의 수는 몇 마리를 빌릴 수 있는가를 의미해요. 말이 하나면 한 마리를, 네 마리면 네 마리의 말을 빌릴 수 있었던 거죠. 일을 보러 멀리 가야 한다면 당연히 말이 여러 마리가 그려진 마패를 가지고 가야겠지요?

마패의 뒷면에는 일련번호, 말의 수, 제작 연도, 마패를 발급한 기관인 상서원의 도장이 찍혀 있어요.

마패(국립한글박물관 소장)

> 그때를 아시나요 **현대 신분증의 역사**

1950년대 도민증
출생지, 키, 몸무게, 혈액형까지 적혀 있어 '신상명세서'와 다름없었다.

1960년대 주민등록증
종이에서 플라스틱으로 바뀌었으며, 지문, 홀로그램 등 신기술이 사용되었다.

2021년 모바일 신분증
첨단 기술이 적용되어 스마트폰에 모바일 신분증을 넣고 다닐 수 있게 되었다.

위태로운 조선 군대

명문가 집안에서 태어난 이시민은 어린 시절 사서삼경을 줄줄 외울 정도로 머리가 좋아 젊은 나이에 과거 급제를 하였다.

임금은 총명한 시민을 믿고 아꼈다. 그래서 그를 동래 관아에 수령[6)]으로 임명하였다.

1590년, 선조가 조선의 임금으로 있을 때였다.

시민은 고을 민심을 파악하고자 일반 백성의 복장을 하고 종종 동네 주막을 들렀다. 주막에는 두 명의 남정네가 핏대를 세우며 큰 소리로 이야기하고 있었다.

"자네, 소식 들었는가? 왜군이 우리나라를 침입할 준비를 하고 있다 하네."

"우리 조선은 1392년 건국한 이래 200여 년간 큰 싸움이 없질 않았는가? 괜한 걱정 말고 농사일이나 열심히 하게."

시민은 주막을 나오며 생각했다.

'왜군이 조선을 침입한다고? 실없는 소리를 하는군.'

생각은 그렇게 하였지만 찜찜한 마음을 떨치기 어려웠던 시민은 다음 날 아침 일찍 군사들이 머무는 곳으로 갔다. 시민의 눈에 무너진 성벽을 보수하는 군사들이 보였다. 그들의 수를 세어 본 시민은 아전을 쏘아보며 물었다.

"왜 군사의 수가 군적에 기록된 수보다 한참 적은 것인가?"

아전은 벌벌 떨며 말하였다.

"군적에 이름을 올린 자 중 도망을 가 생사를 알 수 없는 사람이 많습니다. 중이 되면 군역을 면제받을 수 있다는 이야기를 듣고 절에 들어간 이도 많습니다요. 이들의 행방을 찾으려 했으나 조선 팔도 곳곳으로 숨어들어 찾기가 어려웠습니다."

"그걸 지금 말이라고 하는가? 공문서를 겁도 없이 사실과 다르게 적다니. 형벌이 정녕 두렵지 않은가?"

"군적에 기록된 군사의 수가 지나치게 적으면 그 또한 나라에서 처벌을 내릴 수 있다는 생각에 잘못된 행동을 하고 말았습니다. 부디 목숨만 살려 주십시오."

"자네 목숨을 앗아 가는 것은 내가 할 수 있는 일이 아니야. 나라님께 이 일을 보고 드리겠네. 그런데 여기 군사 중 양반은 눈을

---

6) 수령 : 조선 시대, 각 고을을 맡아 다스리던 지방관

씻고 봐도 찾을 수가 없군. 그들은 지금 다 어디 있는 건가?"

"원님께서도 잘 아시다시피 나라에서 공부하는 양반들은 군역을 면해 주지 않습니까?"

"나라에서는 서원이나 향교에 등록한 양반만 군역을 면해 주는 것을 모르느냐? 당장 서원과 향교에 다니지 않는 양반, 군역을 지지 않기 위해 나이 든 부모를 공양하는 척한 자, 가짜 스님 행사를 하는 자 모두를 내 앞으로 데리고 오라. 오늘부터 내가 직접 군대의 규율을 바로잡겠다."

아전에게 명령을 내린 후 시민은 열심히 일하는 군사들에게 다가갔다. 군사 중 어려 보이는 소년이 있었다.

"그대는 하던 일을 잠깐 멈추고 나와 이야기를 나눔세. 나이가 어린 것 같은데 어찌 여기 있는가?"

소년은 근심이 가득한 표정으로 시민에게 흐느끼며 말했다.

"나으리, 저는 노모를 공양하고 있습니다. 그런데 올해 열여섯 살이 되어 이렇게 군대에 오게 되었습니다."

"저런, 군대에 오는 대신 군포[7]를 대신 내면 되는 것 아닌가?"

"저희는 군포를 낼 형편이 되지 못합니다. 예순 살이 될 때까지 평생 군대에 있어야 할지도 모릅니다. 저는 괜찮습니다만 어머님이 건강히 계실지가 늘 걱정입니다."

---

7) 군포 : 조선 시대에 병역을 면제하여 주는 대신으로 내던 베

소년의 안타까운 사연에 시민은 눈시울이 붉어졌다.

시민은 고개를 들어 병사들을 바라보았다. 모두가 남루한 행색을 하고 있었으며 군 장비를 제대로 갖춘 이도 몇 안 되어 보였다. 그들의 눈에서는 그 어떤 의욕도 찾을 수 없었다.

'나라를 위해 열심히 싸워 보겠다는 이 하나도 없구나. 이건 나라의 잘못이다. 외적으로부터 나라를 지키라 하면서 장비조차 지급하지 않으니 이들이 싸워 볼 생각이 있겠는가?'

시민은 불현듯 불안한 마음이 들었다. 부대의 사기가 완전히 꺾인 상황에서 왜군이 침입한다면 그 결과는 뻔했다. 시민은 관아로 들어가 붓을 들고 임금에게 글을 올렸다.

전하, 동래 수령 이시민 글 올립니다. 근거가 확실치 않으나 왜인들이 조만간 조선을 침입할 것이라는 소문이 백성들 사이에서 돌고 있습니다. 사소한 것도 국가의 일이라면 놓칠 수 없기에 저도 이와 관련하여 사실 여부를 조사하고 있습니다. 그리고 혹여 왜적이 조선을 침입할 경우, 가장 먼저 들어올 것이 이곳 동래임이 자명하므로 왜적에 맞서 싸울 군사들도 직접 훈련 시키고 있습니다.

그런데 안타까운 것은 힘이 없고 가난한 자들만이 군대에 모여 있는지라 그 누구도 의욕적으로 훈련을 받지 않습니다.

이들 중에는 군역을 마친 지 얼마 안 되어 또 군대로 끌려온 이도 있습니다. 가족을 부양하기도 바쁜데 계속해서 군역을 져야 한다는 것이 이곳 병사들에게는 큰 부담입니다. 돈 한 푼 지급되지 않고 나라를 위한 희생만 강요하니 그 누가 나라에 충성을 다하겠습니까? 불법적으로 병역을 피한 자들을 불러 모아 공개적으로 처벌해 군대의 기강을 잡으려고 시도했으나 쉽지 않습니다.

백성들이 지아비라고 부르는 임금님께서 이들을 다시 끌어안아 주시면 이들은 진심으로 왜적의 침입에 맞서 싸울 것입니다. 하지만 이들의 고통을 외면하시면 그 누구도 나라를 위해 열심히 싸우지 않을 것입니다. 부디 제 이야기를 귀에 새겨 주소서.

시민의 상소를 받은 임금은 조정 대신들 앞에서 무겁게 입을 뗐다.

"이시민은 이 상소로 과인을 궁궐에 틀어박혀 세상에 대해 아무것도 모르는 사람으로 만들었다. 이것이 유교 국가인 조선에서 말하는 충인가?"

대신들은 서둘러 임금 앞에 나아가 아뢰었다.

"들리는 바에 따르면 이시민은 자신의 재산을 털어 고을 사람들에게 식량을 지급했다고 하옵니다. 그리고 고을의 군사도 밤낮으로 직접 훈련 시켜 동래에 시민의 이름을 칭송하지 않는 이가 없다고 합니다. 그런데 동래 사람들은 여기서 멈추지 않고 이 모든 게 임금님이 아닌 수령의 덕이라 이야기한다고 합니다. 유교 사회인 조선에서 신하의 이름이 임금보다 더 높이 불릴 수 없습니다.

이건 불충입니다."

임금은 분노하며 말했다.

"자신이 직접 훈련 시킨 병사를 이끌고 한양으로 진격할 기세구나. 그곳에서 왕 노릇을 하며 과인을 모욕하다니. 여봐라! 이 겁 없는 자를 어떻게 하면 좋을지 말해 보거라."

심상치 않은 분위기를 느낀 대신들이 허겁지겁 나서서 말하였다.

"이시민이 충의에 어긋난 행동을 하였으니 수령에서 파면하고 유배를 보내소서."

대신들의 말에 임금은 슬쩍 미소를 지으며 말했다.

"대신들의 뜻이 이와 같으니 과인이 어찌할 수 없도다. 이시민의 직을 거두고 그를 유배형에 처하라."

그렇게 이시민은 동래에서의 수령 생활을 끝내고 유배를 떠나게 되었다.

시민은 고을을 떠나기 전 군사들을 찾아 마지막 말을 전하였다.

"나라는 절대 자네들을 버린 것이 아니라네. 부디 조선을 잘 지켜 주게나."

시민이 유배지에서 할 수 있는 일은 거의 없었다. 시민은 지나칠 정도로 고요한 고을의 적막함이 적응되지 않았다. 또한 이상할 정도로 고을 사람들이 모두 게을렀다.

'사람들의 태도가 이러하니 이 고을이 어찌 발전할 수 있겠는가? 이건 모두 이들의 잘못이다. 그런데 이들의 눈빛을 어디서 본 적이 있는 듯한데. 어디서 또 이런 눈빛을 보았더라? 그래! 동래의 병사들도 이러한 눈빛을 하고 있었다.'

시민은 동래의 병사들에게 사연이 있었듯 이 고을 사람들에게도 사연이 있을 것 같다는 생각이 들었다.

'괜한 생각하지 말고 산책이나 하며 머리를 맑게 해야겠다.'

시민은 머리를 저으며 가던 길을 갔다. 그때 울음소리가 들려왔다. 시민은 가던 길을 멈추고 울음소리가 들리는 집에서 무슨 일이 일어나는지 지켜보았다.

시민의 눈에 흥분하여 소리치는 농부의 모습이 보였다.

"소가 없으면 농사를 지을 수 없습니다. 왜 우리 소를 가져가는 것이오?"

농부의 외침에 아전은 가지고 온 종이를 읽는 행세를 하며 말했다.

"그렇다면 내가 지금부터 알려 줄 터이니 잘 듣게. 이 집은 군포로 면 열 필을 나라에 내야 하는데 현재 네 필만을 내었다. 그래서 남은 여섯 필 대신 소를 가져가려는 것일세."

"우리 집에는 16세에서 60세까지의 남성이 두 명 있어 네 필을 내었는데 왜 여섯 필을 더 내야 합니까?"

"몰라도 너무 모르는군. 자네 아버님은 왜 포함하지 않는가? 그리고 최근에 도망친 이웃이 두 명 있지 않은가? 그들 세 명 몫을 합하여 여섯 필을 더 내야 하는 거야."

"세상에. 아버님 돌아가신 것도 슬픈데 저승에 계신 아버님 군포까지 내야 하오? 그리고 이웃 두 명은 저와 아무런 사이도 아닌데 도망간 그들의 군포를 왜 내가 대신 내야 합니까?"

아전은 농부의 말을 무시하고 포졸을 시켜 소를 끌고 갔다.

아전이 떠나고 시민은 울부짖는 농부를 달래 주었다.

"내 처지가 처량해 보이오? 죄인에게 위로받는 꼴이라니. 내 신세야."

"내 지금은 죄인의 신분이나 나도 한때는 한 고을의 수령이었다오. 내게 어려운 점을 이야기해 보시오."

"수령이라? 그럼 네 놈도 도둑놈이구나. 수령은 자신의 배를 채우기 위해 백성을 착취하는 자들이 아닌가? 네 놈이 여기서 벌을 받는 것도 당연하다."

농부가 연신 기분 나쁜 말을 하였으나 시민은 가만히 듣고만 있었다.

농부는 계속해서 말을 이어 갔다.

"내가 어리석었지. 사람들이 나에게 너무 열심히 일하지 말라고 할 때 그 말을 들을걸. 처음에는 그게 무슨 말인지 이해하지 못했는데 다 빼앗기고 나니 이제 그들의 말이 이해되는군. 나도 오늘부터 게을리 살 것이다. 우리 가족과 내가 가난으로 고생할지라도 수령이 우리 덕분에 잘 먹고 잘사는 꼴은 못 보겠어!"

참담한 현실이었다. 동래 백성들도 나를 도둑놈이라 생각했겠구나, 생각하니 부끄러움이 몰려왔다.

'백성들의 실상도 여태껏 제대로 파악하지 못했다니…….'

시민은 고을을 다스렸던 지난 세월을 떠올렸다.

'한낱 지배층에 불과했던 내가 백성들의 칭찬으로 그 모습이 가려진 줄도 모르고…….'

생각이 여기에 미치자 시민의 귀는 부끄러움으로 뜨겁게 달아올랐다.

시민은 농부의 울음 뒤로 저 멀리 희끄무레하게 보이는 자신이 유배 온 그곳을 하염없이 바라보았다.

> **취재 파일** 조선의 병사들이 줄어든 이유는?

　군대는 조선에서 남자로 태어났다면 꼭 가야 하는 곳입니다. 그런데 최근 제보에 따르면 군대에 가지 않는 조선 남성들이 급격히 늘고 있다고 합니다. 나라를 지킬 병사의 수가 적어지면 군사력이 약해지는 건 당연한 일입니다.

　왜 이러한 현상이 일어나는 걸까요? 저희 취재팀은 그 해답을 찾기 위해 한 남자에게 인터뷰를 요청하였습니다.

　"군대에 처음 가서 놀랐던 점은 군대에서 돈을 주지 않는다는 것이었습니다. 가장인 저에게는 청천벽력 같은 소식이었죠. 제가 군대에 있는 동안 제 가족은 꼼짝없이 굶어 죽게 생겼으니까요."

　남자의 사연이 참 안타깝습니다. 병사들은 6개월 정도 군 복무를 하면 집으로 돌아갈 수 있었지만 군에서 부르면 어김없이 군대로 다시 돌아가야만 했죠.

　그래서 이 남성은 어떻게 했을까요? 남성의 이야기를 마저 들어 보겠습니다.

　"대가를 치르면 군 복무를 대신 해 주는 사람이 있다는 것을 알게 되었습니다. 그래서 저는 당장 이들을 찾아 대가를 치르고 군대에서 나왔습니다. 잘은 모르겠지만 저 같은 사람이 많을 겁니다."

　처자식을 먹여 살려야 하는 남성에게는 불가피한 선택이었겠죠?

　경제적인 이유 말고 조선의 남성들이 군대에 가지 않으려 한 이유는 또 없을까요? 그 이유를 찾던 중, 저희 취재팀은 성벽을 쌓는 병사를 만났습니다.

병사는 저희 취재팀에게 자신은 이곳에 온 이후로 단 한 번도 군사 훈련을 받지 않았다고 말하였습니다. 이곳에서 하는 일이라고는 성벽을 쌓는 일뿐이라고 힘주어 말했죠. 저희 취재팀은 현재 이 지역의 군대를 관리하는 수령에게 찾아가 그 이유를 물었습니다.

　"세상이 이리도 평화로운데 누가 군사 훈련에 열심히 참여합니까? 성벽을 쌓는 게 나라와 지역에 더 큰 도움이 됩니다."

　문제는 이런 생각을 가진 사람이 조정에 많다는 것입니다. 조정에서는 군 복무를 하는 대신 군포를 내게 하였습니다.

　이 제도로 군포를 낼 여력이 있는 사람들은 군 복무를 하지 않게 되었습니다. 자연히 조선의 병사 수가 크게 줄었습니다. 이러한 조선 군대의 속사정을 이웃 나라에서 알게 될까 봐 걱정됩니다.

> **심층 보도** **조선의 방어 체계를 알아보자**

　1555년 을묘왜변 이전까지 조선은 외적의 침입에 각 지역이 독자적으로 방어하는 진관법을 사용하였다. 지방의 수령은 유사시에 지휘관이 되어 지역의 군사들을 지휘하였다.

　진관법으로 인해 외적은 조선의 각 진을 하나하나 격파해야 하므로 전쟁은 장기전으로 갈 수 있었다. 전쟁이 길어질수록 외적은 보급에 문제가 생기게 되어 전쟁에서 유리한 위치에 있더라도 퇴각할 수밖에 없었다. 그러나 진관법은 군사 수가 적어 대규모 공격에 취약했기에 이후 조선은 제승방략으로 적을 상대하기 시작했다.

　제승방략은 각 지역의 군사들이 집결지로 모여 외적에 맞서 싸우는 방어 체계로 임금이 직접 파견한 장수가 지휘하였다.

　하지만 각 지역의 군사들이 급하게 모이다 보니 대규모 단위로 훈련받지 못하였다. 임진왜란 시기, 한양에서 파견된 지휘관이 집결지인 대구에 늦게 도착하여 대구에 모인 경상도 지역 군사들이 뿔뿔이 흩어진 일도 있었다. 또 군대의 규모가 커지다 보니 신속하게 외적에 대응하기 어려웠고, 외적에게 패하면 한양으로 가는 길을 단번에 내주게 되는 단점도 있었다.

상식 코너   병역 면제자들

　조선의 군 복무 기간은 16세에서 60세로 기간이 무척 길어 인생 대부분을 병역의 의무를 지며 살아야 했습니다. 그런데 병역의 의무를 이행하지 않아도 되는 사람들이 있었습니다.

　조선 시대의 천민은 사람이 아닌 재산으로 취급받았습니다. 그래서 세금 납부나 병역 의무에서 제외되었습니다.

　양반이라고 병역을 모두 면제받은 것은 아닙니다. 관직을 얻거나 서원에 이름을 등록해야 병역을 면제받을 수 있었습니다.

　승려 자격증(도첩)을 가진 스님도 병역을 면제받았습니다. 그 사실을 알고 관리와 짜고 도첩을 얻는 사람도 있었다고 합니다.

　국가에 공을 세운 사람의 자손과 70세 이상의 부모를 모셔야 하는 아들 가운데 한 명도 병역을 면제받았습니다. 그리고 큰 병에 걸린 사람도 군대에 가지 않았습니다.

　이외에도 병역을 대신할 사람인 '대립'을 구해 병역의 의무를 지지 않는 사람들도 있었습니다. 이렇듯 조선 남성들은 여러 이유를 들어 병역 의무를 지지 않으려 했습니다. 이로 인해 조선의 국방력은 점점 약해졌습니다.

착호갑사 납신다, 길을 비켜라!

"이놈을 매우 쳐라!"

"아이고, 잘못했습니다요. 정말 꿈에도 몰랐습니다."

1424년 세종 6년, 문경 관아에 세 명의 사내가 곤장 틀에 묶여 울부짖었다.

"현감 나으리, 저는 그저 땔감이 필요해 나무를 벤 것뿐입니다. 그 나무가 소나무인지는 정말 몰랐습니다요."

나무꾼이 간절하게 호소했다.

"임금께서 금송 정책을 실시한 걸 진정 몰랐단 말이냐? 소나무를 벤 자는 곤장 백 대, 막지 못한 산지기는 팔십 대, 관리인은 사십 대를 칠 것이다."

산지기와 관리인은 죽을죄를 지었다며 눈물을 쏟았다.

"나으리, 곤장 열 대만 맞아도 한 달간 걷지를 못합니다요. 백 대를 맞으면 저는 죽습니다. 이놈이 무식하여 소나무를 알아보지 못한 죄입니다. 벤 나무는 흠집 없이 고이 모셔 놨으니 한 번만 봐주십시오."

현감과 이방은 안타까운 듯 그들을 바라보았다.

"나으리, 저 박 아무개는 힘이 좋고 용맹하며 정직한 사람입니다. 아비는 나무를 하다 호랑이에게 물려 갔고, 눈이 보이지 않는 어미는 하루 종일 아들을 기다리고 있습죠. 박 아무개의 죄는 곤장 백 대를 쳐도 모자라지만 땔감을 주워다 팔아 근근이 생활하는 가엾은 처지를 굽어살피소서."

이방은 현감의 눈치를 보며 나무꾼의 안타까운 처지를 말했다.

"현감 나으리, 제가 산을 지키는 일을 소홀히 한 것은 죽어 마땅하나 곧 조정에서 궁궐을 수리하기 위해 황장목을 진상하라 할 것입니다. 박 아무개가 벤 나무의 질이 좋으니 그때 그것을 보내면 어떻겠습니까?"

산지기도 간청하였다.

현감은 난처했다. 나라에서는 소나무를 귀히 여겨 금산 정책을 펼치고 있었다. 금산으로 정해진 곳에서는 절대 나무를 베어서는 안 되었고 특히 소나무는 금송 정책을 두어 특별 관리를 하고 있었다.

이방은 재빨리 교지를 가지고 와 현감에게 건넸다. 궁궐 수리를 위해 좋은 소나무 대여섯 그루를 베어 진상하라는 내용이었다.

'나는 임금의 충실한 신하이지만 백성의 삶을 돌보아야 하는 수령이다. 모두를 위해 현명한 결정을 내려야 한다.'

어렵게 결정을 내린 현감이 고개를 들어 죄인들을 보았다. 나무꾼 박 아무개는 큰 덩치에 힘이 좋아 보였다.

"저들을 풀어라! 그리고 너희들은 듣거라. 산지기는 좋은 소나무를 볼 줄 아는 눈을 가졌으니 튼튼하고 결이 좋은 소나무 다섯 그루를 박 아무개와 함께 베어 오너라."

곤장 틀에 묶여 있던 손과 발이 자유로워지자 셋은 코를 땅에 박으며 연신 감사 인사를 했다.

다음 날, 박 아무개와 산지기는 단단하고 결이 좋은 소나무 다섯 그루를 베어 왔다. 현감은 관아 창고에 있던 소나무 한 그루를 합쳐 여섯 그루의 소나무를 달구지에 실어서 한양으로 올려 보냈다.

현감은 박 아무개를 보며 말했다.

"호랑이의 서늘하고 우렁찬 소리를 들어 본 적이 있느냐?"

"어릴 적, 호랑이가 아버지를 물어 갈 때 저도 그곳에 있었습니다."

"저런……, 어린 나이에 많이 힘들었겠구나."

"호랑이는 저의 원수이지요. 아버지만 살아 계셨어도 제가 이런 죄를 짓지 않았을 테고, 불쌍한 어머니는 화병으로 눈이 멀지 않으셨을 겁니다."

"지금 우리 고을에는 호랑이가 내려와 민가를 덮치고, 농사짓는 아낙을 물어 가고, 산길을 걷는 사람들을 공격하여 많은 피해가 있다는 걸 알고 있느냐?"

"네, 알고 있습니다요."

"금산 정책으로 산에서 나무를 베지 못하게 하니 그 어느 때보다 산세가 수려하고 환경이 보호되는 건 맞지만 호랑이가 활개 치며 다니니 걱정이 태산이구나."

"이놈의 호랑이가 제 눈에 띄었다가는 그 가죽을 벗겨 올 텐데 송구합니다."

그 이야기를 들은 현감은 그동안 생각했던 말을 조심스레 내뱉었다.

"지금 호환[8]으로 백성들은 모두 두려움에 떨고 있다. 그리하여 조정에서는 호랑이 잡는 군인인 착호갑사를 뽑아 호랑이를 박멸하고 있느니라. 그러나 우리 같은 지방에는 착호갑사가 내려오기 어려우니 직접 착호군을 조직하라는 명이 내려왔다."

현감은 박 아무개의 단단한 팔과 용맹한 얼굴을 보며 말했다.

"호랑이 두 마리를 잡아 오거라."

"네?"

8) 호환 : 호랑이에게 당하는 화

"원래 착호갑사가 되려면 백팔십 보 밖에서 목궁을 쏘아 한 발 이상 명중시키고, 양손에 오십 근짜리 물건을 들고 한 번에 백 보 이상 걸어야 하며, 활쏘기나 말타기, 들어 올리기 등의 시험에 합격해야 한다. 하지만 호랑이 두 마리를 창과 활로 잡으면 시험을 면제하고 착호갑사에 임명할 수 있느니라."

"정말입니까?"

"호랑이만 잡는다면 조정에서 큰 선물이 내려올 것이고, 어머니를 모시고도 남을 넉넉한 수당도 지급될 것이다. 물론 아버지의 복수도 할 수 있고 말이다. 그러나 호랑이는 산신령과도 같은 녀석이다. 신출귀몰하다는 이야기지."

"저는 배운 게 없어 무식한 놈이지만 산에서는 날아다닙니다. 호랑이와 대적할 때를 대비하여 목검도 여러 개 만들어 두었습니다요."

"네가 소나무를 베었던 곳으로 들어가거라. 그 근방 마을에서 밭일을 하던 갓난아이의 어미를 호랑이가 물어 갔으니 그 녀석부터 잡아 오너라. 그곳은 금송 정책으로 숲을 보호하다 보니 호랑이가 몇 마리나 사는지 가늠도 안 되는 지역이니라."

"예, 알겠습니다. 감히 아이 어머니를 해하다니 꼭 잡아 오겠습니다요."

박 아무개의 눈빛은 결의에 차 있었다. 그는 아버지가 호랑이에게 물려 간 날부터 호랑이를 마주치면 끝까지 싸워 가죽을 벗기리라 마음먹은 터였다. 그래서 어릴 때부터 나무 타기를 연습하였고, 나무를 하다 잠시 쉴 때는 목검을 휘두르며 무예를 닦아 왔다. 자신의 죄를 용서해 준 현감님을 위해, 아버지의 복수를 위해, 이웃들을 위해 호랑이를 꼭 잡고 싶었다.

박 아무개는 아버지의 마지막 순간이 떠올라 눈물이 차올랐다.

"어서 도망가거라! 절대 뒤를 돌아보지 말거라!"

날이 저물 무렵 마지막으로 지게를 지는데 숲속에서 날카로운 눈이 아버지와 박 아무개를 노려보았다. 순식간에 숲속에서 튀어나온 호랑이는 그들 앞에 섰다. 아버지는 장대를 휘두르며 아무개에게 어서 도망가라고 소리쳤다. 그 순간이 아버지와의 마지막이었다.

눈물이 볼을 타고 흘렀다. 하지만 옛 생각에 잠겨 있을 수만은 없었다. 어머니를 챙겨야 했기 때문이다.

박 아무개는 집으로 가 잠든 어머니의 잠자리를 돌보고 내일 아침에 어머니가 드실 음식을 챙겼다. 그러고서 창고로 가 활과 목검을 챙겼다. 해가 떠오르고 있었다.

박 아무개는 마당에서 어머니가 계신 안방을 바라보며 절을 했다.

'소자, 다녀오겠습니다.'

박 아무개는 호랑이를 잡으러 금산으로 들어갔다. 나무꾼에게도 수풀이 우거진 숲속을 이동하는 건 쉬운 일이 아니었다.

그때였다. 어릴 적 보았던 매서운 눈이 숲속에서 그를 노려보았다. 박 아무개는 등을 보이며 천천히 걸었다. 등에서 식은땀이 줄줄 흘렀지만 활을 쥔 손에는 힘이 들어갔다.

"하나, 둘, 셋!"

활시위를 팽팽히 당기고 뒤를 돌았다. 호랑이 한 마리가 박 아무개를 노려보며 다가왔다.

'호랑이 가죽은 두껍다. 이 활을 지금 쏴 봤자 위협이 되지 못할 것이다.'

박 아무개는 호랑이가 더 가까이 오기를 기다렸다. 심장이 요동쳤지만 눈에 힘을 주고 호랑이의 숨소리에 귀를 기울였다.

'자, 지금이다!'

호랑이가 뛰어올라 박 아무개를 덮치려는 순간 시위에서 벗어난 활은 호랑이의 복부에 정확히 꽂혔다.

"퍽."

호랑이가 고꾸라졌다.

박 아무개는 목검을 꺼내 호랑이의 급소를 찔렀다. 드디어 잡았다고 안도한 순간 갑자기 날카로운 발톱이 아무개의 팔과 얼굴을 할퀴었다. 또 다른 호랑이가 아무개를 덮친 것이다.

박 아무개는 허리춤에 찼던 작은 칼을 뽑아 호랑이 목에 꽂고는 나무를 기어올랐다. 호랑이에게 긁힌 팔 때문에 자꾸 미끄러지려 했다. 호랑이는 목에 피를 흘리며 나무 아래를 빙빙 돌았다.

박 아무개는 나무 위에서 활시위를 당겨 시위가 팽팽해졌을 때 숨을 참고 활을 쐈다. 활은 호랑이의 머리에 명중했고, 호랑이는 그대로 고꾸라졌다.

주위를 살핀 후 박 아무개는 나무에서 내려왔다.

현감은 날이 밝자 박 아무개가 걱정되어 관아 마당을 서성였다. 이방도 안절부절못했다.

그때였다.

계단 아래서 호랑이 두 마리가 기어 올라오는 게 아닌가!

현감과 이방은 놀라 뒤로 자빠지려 했으나 이내 정신을 차렸다.

"접니다. 나으리!"

박 아무개가 호랑이 두 마리의 가죽을 벗겨 어깨에 척 둘러메고 관아를 찾아온 것이었다.

현감은 박 아무개의 손을 덥석 잡았다.

"잘했다. 잘했어!"

이방은 만세를 부르며 큰 소리로 외쳤다.

"착호갑사 납신다. 길을 비켜라!"

> 사설 칼럼

조선의 환경 정책

　조선은 개국 초기부터 환경 보호를 위해 한양에 금산 제도를 만들었다. 금산 제도란, 도성 안팎에 일정한 구역을 금산으로 정해 두고 그 안에서는 농사짓기, 땔감 채취, 경작을 금지하던 제도였다.

　조선 시대의 나무는 집의 주재료, 땔감, 농기구로 쓰였다. 이에 산림을 보호하고자 조선은 금산 제도를 실시한 것이다.

　그중 소나무는 강도나 재질이 우수해 불법 벌목이 많았다. 세종 때 금산의 소나무를 베는 자들에 대한 처벌 방침을 만들었고, 세조 때 강력한 처벌 규정인 송금 정책을 만들어 금산 밑의 거주민을 산지기로 정하고 그 지역의 관리를 따로 배치했다.

　또한 조선은 나무를 베지 않는 정책뿐 아니라 나무도 많이 심었다. 관리들은 매년 심은 소나무 숫자를 조정에 보고했다. 요즘으로 치면 금산 제도는 '그린벨트'나 '절대 보존 구역'인 셈이다.

> 상식 코너

'쓰레기'라는 말은 언제 처음 쓰였을까?

1796년 조선의 22대 왕 정조가 편찬한 『경신록언석』에는 '쓸어기'라는 단어가 등장해요. 쓸어기는 쓰레기의 옛말로 '부스러져서 못 쓰게 된 조각'을 의미해요.

조선 시대 역사서 곳곳에 쓰레기 무단 투기 등의 문제를 지적하는 기록들을 볼 수 있어요. 어느 시대건 쓰레기는 사회적 문제였다는 것을 알 수 있어요.

당시 궁궐에는 3000여 명이 살았어요. 3000명이 버린 쓰레기를 처리하기가 얼마나 힘들었을까요? 또 백성들은 쓰레기를 어떻게 처리했을까요? 궁궐 밖 사람들은 재와 오물 등의 쓰레기를 집 앞 하천에 버렸다고 해요. 냄새뿐 아니라 벌레가 생기고 오염된 하천수를 먹은 사람들에게 전염병이 돌자, 쓰레기를 함부로 버리는 자는 곤장 80대에 처한다는 지침을 내리기도 했어요.

진로 체험 학습 — 조선 시대의 별별 직업

오작인

조선 시대, 부검을 담당하던 전문가로 변사체를 검시했어요. 지금으로 치면 국립과학수사연구원(국과수)의 법의관이 되겠지요.

보장사

삼국 시대부터 각 지방을 오가며 문서를 전달하던 사람이에요. 말이 사람보다 빨랐지만 유지 비용도 있고, 훈련을 받은 기수가 아니면 탈 수 없었어요. 그래서 말을 대신해 달리는 직업이 있었어요. 지금으로 치면 퀵서비스나 우체부와 비슷하겠네요.

전기수

시장같이 사람이 많이 모이는 곳에서 소설을 읽어 주던 사람이에요. 실감 나게 읽을수록 인기가 많았어요. 얼마나 실감나게 읽었던지 1790년 『정조실록』을 보면 듣던 관객이 이야기를 사실로 잘못 알고 전기수를 죽였다는 기록이 있어요. 오늘날의 연기자나 성우 같은 직업이에요.

배설물을 통에 담아 처리해 주는 직업이에요. 조선 시대에는 길거리에도 여기저기 오물이 있었고 냄새도 고약했지요. 똥장수는 사람의 인분을 모아 비료로 만들기도 하고, 더러운 똥을 치워 주는 사람이었어요.

똥장수

회자수

회자수는 망나니라고도 불리는데 조선 시대 사형 집행인이었어요. 사형수의 가족들은 아픔을 덜하게 죽여 달라고 회자수에게 뇌물을 주기도 했어요.

갓바치는 가죽신을 만드는 일을 직업으로 하는 사람이에요. 조선 시대에 양반들은 튼튼하고 멋스러운 가죽신을 신었어요. 갓바치는 가죽을 다듬어 신발을 만드는 기술자였지만 천한 일을 하는 사람으로 분류되었어요.

갓바치

나라를 부강하게 하라!

조선의 정치·경제·외교 제도와 정책

농부에게 해산물을 바치라니요

1607년 경기도의 한 해안가 마을.

"아버지, 식사라도 하시고 일하러 나가세요."

아들이 아버지를 걱정스레 바라보며 말했다.

"내 걱정은 말거라. 가장으로서 우리 가족은 내 손으로 먹여 살려야 하는 것 아니냐."

민돌은 아버지의 구부정한 허리가 계속 신경 쓰였다.

김 대감의 땅에서 농사를 지으며 열심히 살아온 아버지는 주변 사람들에게 인정을 받았다. 농사지어 얻은 쌀 대부분이 땅 주인 김 대감에게로 넘어갔지만 민돌의 가족은 주어진 것에 감사하며 살았다.

그러던 어느 날, 관아에서 불청객이 찾아왔다.

삐쩍 마른 아전은 날카로운 목소리로 말했다.

"석삼은 전복 두 개를 이번 주까지 관아로 진상하라."

석삼과 가족들은 황당하여 입을 다물지 못했다.

"농사꾼이 어떻게 전복을 대령합니까? 쌀이라면 열심히 일해서 몇 곱절 드릴 테니 다시 한 번 생각해 주십시오."

"조정에서 우리 고을에 전복 오십 개를 세금으로 바치라고 하였다. 우리 마을에 사는 집이라면 모두 전복 두 개를 준비해 바쳐야 할 것이야! 시간 안에 세금을 못 내면 무서운 처벌도 있을 걸세."

아전은 할 말을 마치고 부리나케 석삼의 집을 빠져나갔다.

"나라님도 너무하시지. 군포를 거두는 것도 모자라 공물까지 바치라 하다니……."

"임자, 너무 걱정 말게. 내 어린 시절, 조정에서는 우리 고을에 호랑이 가죽을 바치게 했어. 아버지께서 호랑이 가죽을 구해 오겠다고 산으로 떠난 날, 나는 아버지가 호랑이에게 잡아 먹힐까 봐 걱정했지. 나는 아버지가 살아 돌아오시기를 기도했어. 다행히 아버지는 며칠이 지나 돌아오셨어."

"다친 곳은 없으셨고요?"

"놀랍게도 아버지는 다친 곳 하나 없이 어깨에 호랑이 가죽을 걸친 채 나타나셨어. 당시 나는 아버지가 내가 생각했던 것보다 무척 힘이 세다고 생각했어. 그런데 이상하게도 호랑이 가죽을 구해 온 아버지의 눈이 웃고 있지 않았어.

다음 날이 되었어. 우리 가족은 평소처럼 농사일을 하고 있었지.

그런데 갑자기 김 대감 댁 종들이 와서는 다짜고짜 우리 보고 나가라네. 그때 아버지가 나타나 자초지종을 설명해 주셨어. 아버지는 사실 호랑이 가죽을 상인에게 샀던 것이었어. 그리고 그 돈을 마련하려고 대대로 내려오던 우리 집안의 땅을 파신 거지."

"세상에! 아버님과 당신 모두 상실감이 컸겠어요. 그런데 이해가 안 되는 게 호랑이 가죽이 아무리 비싸다고 해도 땅을 팔아야 할 정도로 비쌌던 거예요?"

"알고 보니 상인이 호랑이 가죽을 우리 아버지에게 실제 가격의 백 배로 팔았더라고. 시간 안에 호랑이 가죽을 관아에 바치지 못하면 매를 맞아야 했기에 아버지는 하는 수 없이 땅을 팔게 되었지. 아버지는 그렇게 세금을 바치고 자기 땅이었던 곳에서 소작농[1]으로 일하게 되셨어."

"호랑이 가죽에 전복까지 이 나라는 왜 쉽게 구하기 어려운 물건만 계속 바치라고 하는지 모르겠어요."

"임자, 너무 걱정하지 말게나. 나는 아버지처럼 당하고만 있지는 않을 생각이네."

아내를 안심시키려 한 말이지만 석삼도 마땅한 대안이 없었다. 이때 석삼의 머릿속에 직접 전복을 캐 봐야겠다는 생각이 들었다. 혹 모른다. 석삼도 모르는 숨겨진 재능이 있을지도.

1) 소작농 : 다른 사람의 땅을 빌려 농사짓는 농민

이렇게 생각하니 괜스레 힘이 났다.

석삼은 아들 민돌과 아침 일찍 바닷가로 떠나 전복 잡기를 시작하였다. 하지만 현실은 생각과 달랐다. 아무런 기술도 없이 하루 아침에 전복을 잡는다는 것은 불가능한 일이었다.

전복을 캐던 사람 중 얼굴이 검은 여자 하나가 평소 보지 못했던 둘의 모습에 궁금증이 생겨 다가와 물었다.

"평소에 못 보던 사람인 것 같은데 어디서 온 거요? 기술 좋은 해녀들도 따기 힘든 게 전복이오. 그렇게 해서는 몇 달을 해도 전복 한 마리 못 잡겠소."

처음 보는 사람의 물음에 당황한 석삼은 긴장하며 말했다.

"저는 김 대감님의 땅에서 농사를 짓고 사는 석삼이라고 합니다. 그리고 여기는 제 아들놈 민돌입니다. 나라에서 세금으로 전복을 바치라기에 살면서 처음으로 전복을 캐러 왔습니다."

검은 얼굴을 한 잠녀[2]는 혀끝을 차며 말했다.

"그거 딱하게 되었구려. 전복이 워낙 깊은 바닷속까지 헤엄쳐서 잡아야 하는 까다로운 생물이라 쉽게 잡을 수 없을 것이오. 내 그대 사정을 들어 보니 그냥 지나치기에는 너무 정이 없고, 그렇다고 그 귀한 전복을 그냥 주기도 그러하니 오늘 하루 내 일을 도와주면 어떻겠소? 내 지난번에 제주도에 사는 언니에게 받은 말린 전복이 좀 있소. 그거라도 가져가면 어찌 되지 않겠소?"

석삼은 잠녀에게 연신 허리를 굽히며 말했다.

"어떤 일이든 하겠습니다. 시켜만 주십시오."

바닷일을 도우며 석삼은 자신은 농사일이 천성이라고 생각했다.

도와주기로 한 일을 마치자 잠녀는 석삼에게 말린 전복을 두 개 건네었다.

"말린 전복이긴 하나 크고 실한 것이오."

"감사합니다."

석삼과 민돌은 기쁜 마음에 관아로 한달음에 달려갔다.

"원님에게 진상할 전복입니다. 원님을 만나게 해 주십시오."

석삼은 마음이 콩닥콩닥했다. 원님이 혹 생전복이 아니라며 트집을 잡을지 불안했다.

석삼은 원님 앞에 엎드린 채 두 손을 뻗쳐 말린 전복 두 개가 든 상자를 내밀었다. 원님은 아전에게 상자를 가져오라고 지시했다. 석삼이 가져온 전복을 한참 바라본 원님은 석삼에게 소리쳤다.

"네 이놈! 네 놈이 감히 나라에 이런 것을 바치려 드는 것이냐? 색도 거무튀튀하고 싱싱하지도 않은 것을 나라님에게 어찌 바치란 말이냐. 이건 이대로 관아에 두고 새로운 전복을 가져오너라. 정해진 시간 안에 가져오지 못하면 심한 매질이 있을 것이다."

원님은 괜한 트집을 잡으며 새로운 전복을 요구했다. 석삼은 하

---

2) 잠녀 : 바닷속에 들어가 해삼, 전복, 미역 따위를 따는 것을 직업으로 하는 여자

염없이 눈물을 흘렸다. 이게 어떤 전복이란 말인가? 아들 민돌과 아침부터 쉴 새 없이 일한 대가로 얻은 전복 아닌가?

그 순간 석삼은 자신의 아버지도 호랑이 가죽을 얻기 전에 자신과 같은 노력을 했을 수도 있겠다는 생각이 들었다.

'아버지는 어리석은 분이 아니었다. 아버지는 아시게 된 거다. 직접 특산물을 구하려는 노력이 부질없음을. 원님을 만족시키기 위해서는 결국 방납인[3]을 찾아가 물건을 사야 함을······.'

석삼은 힘없이 방납인을 찾아갔다. 전복에 대해 아는 것이 없는 자신이 봤을 때 방납인이 건넨 전복은 어촌에서 잠녀가 건넨 전복과 비교하여 큰 차이가 없었다.

차이는 가격에 있었다. 잠녀는 일을 하여 그 값을 치르라고 했지만, 방납인은 전복을 구해 준 대가로 어마어마한 비용을 요구했다.

석삼은 손이 부르르 떨렸다. 전복을 구하지 못하면 자신은 관아에서 벌을 받을 것이다. 그럼 남은 가족은 누가 먹여 살리지? 전복을 어떻게든 구해야 했다. 석삼은 방납인에게 비용을 구해 오겠다는 말을 남기고 김 대감의 집으로 향했다.

석삼은 무릎을 꿇고 빌며 말했다.

"대감님, 제발 저희 가족을 구해 주십시오. 관아에 전복을 바쳐야 하는데 그 비용이 어마어마하여 제가 감당할 수 없습니다."

"그대가 열심히 일하는 것을 왜 내가 모르겠나? 그렇다고 나한테 돈을 빌릴 수는 없다네."

"그럼 제가 어떻게 하면 되겠습니까?"

묘한 표정을 지으며 김 대감은 석삼에게 말했다.

"자네 부인과 여식을 내게 노비로 바치게. 그럼 내가 비용을 마련해 주겠네."

"아니 됩니다, 대감님. 부인과 여식을 바치라니요."

"그래? 그럼 자네는 옥에 갇히고 자네 가족은 쫄딱 굶겠지."

석삼은 눈물을 흘리며 말했다.

"대감님, 제가 잘못 생각했습니다. 저희 가족 모두를 노비로 거두어 주십시오."

김 대감은 만족스러운 웃음을 지으며 말했다.

"내 서약서를 하나 쓸 터이니 이곳에 손도장을 찍게."

"대감님, 제가 집에서 가장 노릇을 하고 있으나 이 일은 가족과 상의 후 결정해야 할 듯합니다. 바라건대 하루만 제게 시간을 주십시오."

"알겠네. 한데 단 하루네."

"알겠습니다, 나으리. 내일 다시 찾아오겠습니다."

석삼은 어깨가 축 늘어진 채 집으로 돌아갔다.

---

3) 방납인 : 조선 시대, 백성을 대신하여 공물을 나라에 바치고 백성에게서 높은 대가를 받던 하급 관리나 상인

가족 모두가 잠든 새벽, 석삼은 도통 잠이 오지 않았다. 자신을 가장이라고 지금까지 믿고 따라온 가족에게 미안했다. 오늘만큼 닭이 아침에 울지 않기를 바란 적이 없었다. 하지만 닭은 석삼의 속도 모르고 평소와 다름없이 힘차게 아침을 깨웠다.

석삼이 김 대감 댁으로 향하는 길이었다. 사람들이 삼삼오오 모여 흥분된 목소리로 무엇인가를 이야기하는 소리가 들렸다.

'내 속도 모르고 다들 신나 보이는군. 무슨 일인지 모르겠으나 나와 관련 없는 일이겠지? 가던 길이나 가야겠다.'

사람들 사이를 헤치고 지나가던 석삼은 한 사람이 크게 내지르는 소리에 발걸음을 멈추었다.

"임금님이 오늘부터 지역 특산물 대신 쌀을 바치라고 명했답니다. 임금님 만세!"

석삼은 그 사람에게 한달음에 달려가 떨리는 목소리로 물었다.

"그게 정말이오? 오늘부터 특산물 대신 쌀을 세금으로 바치면 되는 거요?"

"암요. 내가 한자를 조금은 읽는다오. 양반들이 공부하는 모습을 보며 어깨너머로 한자를 배웠기 때문이지요. 내가 말한 내용이 저기 붙은 방에 분명히 적혀 있소. 임금님이 땅이 많은 사람은 세금을 많이, 적은 사람은 적게 내라고도 하셨소."

"나라님, 감사합니다. 앞으로 더 열심히 살겠습니다!"

석삼의 얼굴이 기쁨으로 가득 찼다.

만세를 부르는 백성들 뒤로 백성들의 공물을 대신 내며 큰돈을 벌어들이던 방납인의 표정은 굳어져 갔다. 그리고 표정이 안 좋은 사람이 하나 더 있었다. 바로 고을의 원님이었다. 사실 원님은 방납인과 한패를 이루어 부당한 이익을 챙기고 있었다.

'이건 있을 수 없는 일이야. 두고 봐. 세금을 거둘 방법은 또 찾으면 되니까.'

백성의 피를 빨아먹으며 배를 불리던 그들은 재산을 늘릴 다른 방법을 찾기 시작했다.

> 심층 보도

특산물 대신 쌀로
대동법, 경기도에서 역사적인 첫발을 떼다

 조정에서 정해 준 특산물을 구한다고 힘들었는가? 경기도 백성들은 오늘부터 특산물을 세금으로 내지 않아도 된다. 1608년, 광해군은 경기도를 시작으로 전국에 대동법을 시행하겠다는 뜻을 밝혔다.

 조정은 이날 경기도 모든 군현의 수령에게 새로운 법에 따라 세금을 징수할 것을 거듭 당부하고, 어길 시 큰 벌을 내리겠다고 하였다.

 대동법 시행에 가장 큰 역할을 한 대신 김육은 "낙향해 있는 동안 가혹한 세금 제도로 고통받는 백성들을 많이 보았다. 나는 대동법만이 그들을 살리는 길이라고 생각한다. 대동법이 하루빨리 전국 모든 곳에서 시행되기를 바란다."라고 말하였다.

 김육의 말처럼 대동법은 경기도를 시작으로 점차 전국으로 확대될 예정이다. 대동법으로 바뀌는 것은 무엇일까?

구분	기존 공납	대동법
납부 물품	지역의 특산물 (제철 과일, 가죽, 종이, 해삼, 호피 등)	쌀, 옷감 등
납부 기준	가구	소유한 토지 면적

 한편 집마다 내는 세금의 양이 같았던 이전과 달리 소유한 토지 면적을 기준으로 세금을 내게 되면서 토지를 많이 소유한 양반 지주층은 세금을 많이 내게 되었다. 이에 양반 지주층은 거세게 반발하고 있다.

자신의 이름이 노출되기를 거부한 김 대감은 "주상의 새로운 정책에 반대한다. 우리는 이 정책 때문에 하루아침에 큰 피해를 보았다. 우리 지주들은 앞으로 대동법이 전국적으로 시행되지 못하도록 행동에 나설 것이다."라고 자신의 생각을 밝혔다.

대동법을 두고 양반 지주층과 백성들의 생각이 엇갈려 나라에 큰 혼란이 있을 것으로 예상된다.

대동법으로 백성들의 삶은 나아질까? 그리고 전국적으로 대동법은 빨리 시행될 수 있을까?

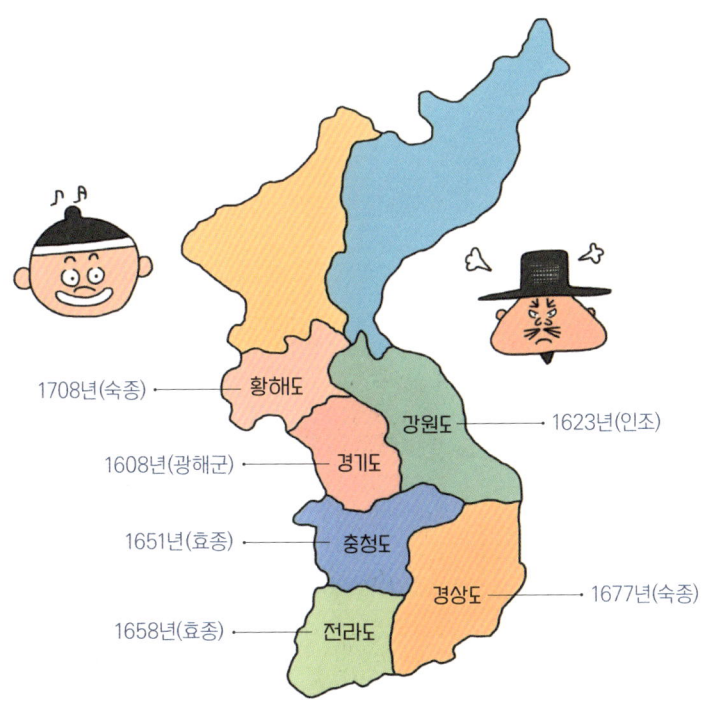

지역별로 대동법이 시행된 년도

속보 지방 수령과 방납인의 검은 연결 고리 밝혀져

속보입니다.

조정에서 정해 준 특산물의 양보다 훨씬 많은 양을 백성들에게 요구한 지방 수령이 오늘 붙잡혔습니다.

3년 전 강원도의 한 고을로 부임한 강 부사는 고을 백성들에게 말도 안 되는 양의 특산물을 요구해 왔습니다. 이는 조정에서 고을에 할당한 양보다 훨씬 많은 양입니다. 백성들은 강 부사가 부과한 많은 양의 공물을 바치기 위해 하던 일도 제대로 못 하고 온종일 공물을 찾아다녔습니다.

강 부사의 잘못은 이뿐만이 아니었습니다. 방납인과 몰래 손을 잡고 부당한 거래를 하여 많은 재산을 쌓았습니다. 강 부사는 백성들

이 바치는 특산물을 품질과 관계없이 받지 않았습니다. 그 결과, 백성들은 어쩔 수 없이 특산물을 사러 방납인을 찾아갔습니다.

방납인은 자신을 찾아온 백성들에게 백 배나 되는 금액에 특산물을 팔아 큰돈을 벌었습니다. 그렇게 번 돈을 방납인은 지방 수령과 나누어 가졌습니다.

오랜 기간 백성들을 괴롭혀 온 그들의 범행은 이 고을에 파견된 암행어사의 활약 덕분에 마침내 세상에 밝혀졌습니다.

의금부에서는 관리가 부정을 저지른 사례가 또 있는지 전국적으로 조사를 벌이기로 하였습니다.

돌발 퀴즈

다음 중 조선 시대에 지정된 공물이 아닌 것은 무엇일까요?

① 말   ② 돗자리   ③ 사과   ④ 송이버섯   ⑤ 종이

제주도의 말, 안동의 돗자리, 영덕의 송이버섯, 남원과 전주의 종이는 조선 시대의 공물이었어요. 사과는 1900년대 초반에 외국에서 들여온 과일이에요. 정답 : ③

누가 엽전을 훔쳐 갔을까?

때는 1770년, 정조 임금이 조선을 다스릴 때였다.
와장창!
생선이 열 지어 푸르스름하게 빛나던 가판대가 순식간에 나뒹굴며 엉망이 되었다. 차가운 바닥에 떨어진 생선의 초점 없는 눈이 가판대를 뒤집은 누군가를 일제히 바라보았다.
"곧 설인데 제를 지낼 돈은 없고, 제발 한 번만 봐주십시오."
차가운 거리에서 가판대 주인 김씨가 무릎을 꿇었다.
"누구 마음대로 여기서 난전[4]을 벌이시오? 나는 공으로 나라에 세금을 내고, 물건 대고 그러는 줄 아오? 애초에 나에게 물건을 팔든가 했어야지."
"당신에게 물건을 팔면 반값도 못 받는 걸 내 아는데 어찌 그런단 말이오?"

가판대 주인 김씨의 눈은 분노로 이글거렸다.

"시전인 나에게 발각된 이상 이 물건들은 내가 다 압수하겠단 이 말씀."

가판대 주인의 하소연에도 불구하고 사내는 아랑곳하지 않고 생선을 주워 담았다.

이 사내의 이름은 이상돈. 종로 점방에서 건어물을 팔며 내외어물전[5] 시전 상인으로 살아온 지 30년이 되었다. 그의 점방은 드물게 생선도 취급했지만 대부분은 건어물이었다. 상돈은 인정 없는 지독한 구두쇠로, 집에는 상평통보가 가득하다는 소문이 돌았다.

"이상돈이 오늘도 남대문 근처에서 가판대를 하나 부쉈다면서?"

"난전 위에 시전이라더니. 점방 하나 낼 수 없는 서민들은 어찌 살꼬."

사람들은 상돈을 보며 지독한 사람이라고 혀를 끌끌 찼다.

"아버지 다녀오셨어요?"

상돈의 아들 이소인이 아버지를 맞았다.

"그래, 물건은 좀 팔았느냐?"

"네. 방금 온 손님이 황태채와 멸치를 한가득 사 갔어요."

"돈은?"

"상평통보로 받았어요."

상돈은 잘했다며 아들의 등을 두어 번 툭툭 쳤다.

"계시오? 때깔 곱고 품질 좋은 걸로 미역 좀 보여 주시오."

상돈은 때마침 최근에 들여온 최상급 건미역을 손님에게 보여 줬다. 손님은 미역을 보더니 꽤 많은 양을 싸 달라는 손짓을 했다. 미역을 싸는 상돈의 손길이 춤을 추듯 분주하였다.

손님은 미역을 받아 들고서는 자연스럽게 면포를 내밀었다.

"이게 무엇이오?"

"보시다시피 면포잖소. 품질은 그리 좋지 않으나 미역 사기에 차고 넘치는 것 아니오?"

"시골에서 왔소? 요즘에는 채소 파는 상인도, 작은 생필품을 파는 상인도 모두 동전으로 받길 원할 거요. 이 미역을 사려거든 돈을 내시오. 돈을!"

상돈은 못 볼 걸 봤다는 양 침을 퉤 뱉고 문을 닫아 버렸다.

"지난번에는 쌀을 들고 오는 자가 있질 않나, 별 쓸모없는 저화[6]를 들고 와서 물건을 사려 하질 않나 사람들이 양심이 없구먼."

상돈은 혼잣말을 중얼거리며 옷장 깊숙이 숨겨 놓은 상자를 떠올렸다. 상자 안에는 상돈이 그동안 온갖 못된 소리를 들으며 모은 상평통보가 들어 있었다.

4) 난전 : 조선 시대, 나라에서 허가한 시전(시장의 가게) 상인 이외의 상인이 하던 불법적인 가게
5) 내외어물전 : 서울의 종로와 서소문 밖에서 어물을 팔던 가게
6) 저화 : 조선 시대, 닥나무 껍질로 만들어 쓰던 종이돈

엽전 상자를 상상하며 미소를 짓는 상돈에게 아들 소인이 다가왔다.

"아버지, 이제는 쌀이나 포는 안 받으실 건가요? 몇 년 전까지만 해도 다 받으셨잖아요."

"세상이 변했어. 이제는 물건값을 치를 때도 엽전을 주고받으려 한단 말이야."

소인은 아버지의 이야기를 들으며 끄덕끄덕했다.

그날 밤, 상돈의 가족들은 모두 잠자리에 일찍 들었다.

사방이 쥐 죽은 듯 캄캄하고 풀벌레 하나 울지 않는 이른 새벽, 상돈의 눈이 번쩍 뜨였다. 상돈은 살짝 고개를 들어 주변을 둘러봤다. 아내와 아들 소인, 갓난쟁이 해인이까지 모두 곯아떨어져 있었다. 상돈이 돈을 모아서 집 안에 두는 곳은 가족 누구도 몰랐다. 그는 하루에 얼마를 버는지, 얼마나 모았는지 등 돈에 관한 거라면 아내에게도 비밀로 하였다.

상돈은 조심스레 자리에서 일어나 발끝으로 옷장을 향했다.

오른쪽 옷장 문 세 번째 서랍 가장 안쪽에 상자가 있었다. 상돈은 상자를 들어 올렸다.

상돈이 상자의 뚜껑을 조심스레 여는 순간 상돈은 믿을 수 없는 광경을 마주했다.

"엥? 어떻게 이런 일이! 내 돈!"

해인이 상돈의 고함에 깜짝 놀라 울기 시작했다. 아내와 소인은 눈을 비비며 무슨 일인지 파악하려고 주위를 두리번거렸다.

"여보, 이 새벽에 무슨 일이시오?"

"아버지 무슨 큰일이 있으십니까?"

상돈의 손이 덜덜 떨렸다.

"아…… 아무것도 아니오. 잠을 깨워서 미안하오."

상돈은 믿을 수 없었다. 당장 내 돈 어디 갔냐는 말이 목구멍까지 차올랐지만 애써 침만 꼴깍 삼켰다. 옷장 속에 돈을 숨겨 놓았다는 사실을 그 누구도 알아서는 안 됐기 때문이다.

'어휴……, 누가 가져갔단 말인가!'

상돈은 다시 곯아떨어진 아내와 소인을 의심의 눈초리로 잠시 쳐다보았다.

상돈은 날이 밝자마자 평소 왕래가 잦은 시전 상인들을 우선 찾아가 봐야겠다고 생각했다. 돈의 행방을 아는 이라면 상돈의 얼굴을 보자마자 분명 안색이 달라지고 어딘가 어색하게 행동할 것이라 생각했기 때문이다.

제일 먼저 상돈이 찾은 곳은 비단을 파는 김씨였다.

"여보시오. 김씨 있소?"

"상돈 아닌가. 장사 준비로 바쁜 이때 어찌 방문했는가?"

"아 글쎄 자네 못 본 지 석 달이나 되어 오늘은 직접 한번 찾아왔네만……."

상돈은 말끝을 흐리며 빠르게 비단을 둘러보았다. 한눈에 보기에도 휘황찬란한 고급 비단들이 빛깔을 뽐내고 있었다.

"이런 고급 비단은 얼마나 하는가?"

"스무 냥일세. 은화로는 일곱 냥을 받지. 그런데 요즘 저잣거리에서 통 은화를 못 보긴 했어. 근래 일본 은의 유입이 크게 줄었다는 소문이 있던데. 그래서 그런 것인가?"

김씨는 말끝을 흐리며 생각에 잠겼다.

"그나저나 요즘엔 포나 쌀 대신 엽전으로 받으니 보관하기에 참 좋지 않소?"

상돈의 물음에 김씨는 턱을 괴며 대답했다.

"글쎄……. 요즘은 상평통보보다 좀 더 큰 단위의 돈이 있었으면 좋겠소. 상평통보 한 냥의 열 배 가치를 지닌 십전통보를 조정에서 발행할지도 모른다는 소식이 들리던데? 그러면 돈 관리하기도 더 쉬울 텐데 말이오."

"그렇게 되면 물가가 갑자기 치솟지 않겠소?"

"흠……. 자네의 말도 일리가 있네그려."

상돈은 다소 갸우뚱한 표정으로 선전 밖을 나와 박씨 점방으로 한달음에 내달렸다.

"제 물건 아까운 줄만 아니…… 쯧쯧."

그때 면포전[7] 기둥 뒤, 한 사내가 숨어 혀를 끌끌 차며 말했다. 상돈에게 생선을 빼앗긴 가판대 주인 김씨였다. 그의 눈은 상돈에 대한 적개심으로 가득 차 있었다.

"에헴, 박씨 있소?"

박씨는 백지와 장지, 대호지 등 품목별로 종이를 정리하고 있었다.

"이게 누구요? 이상돈 아니오? 어물전은 어찌하고?"

상돈을 향한 박씨의 표정이 묘하게 불편해 보였다. 박씨는 머뭇대다가 말을 덧붙였다.

"가게에 오는 손님들이 자네 이야기를 가끔 한다오. 어제는 난전에서 파는 생선 가판대를 하나 압수했다면서?"

"아, 그거? 나한테 가지고 와서 팔았으면 돈이라도 챙길 수 있었을 건데. 어리석게도 몇 푼 더 벌어 보겠다고 그 꼴을 본 것이오."

"쯧쯧. 같은 서민 처지에 그렇게 남 장사하는 꼴을 못 보니……."

"말이 좀 심하오. 언제부터 난전하는 놈들 역성을 들었소?"

상돈은 기분이 한껏 나빠졌다.

'김씨도 그렇고, 박씨도 영 수상하단 말이야.'

상돈은 혹시나 어제 돈을 가져간 이가 자신을 감시하고 있지는 않을까 두리번거리며 자기 점방으로 향했다. 처음 보는 사람이 자기를 빤히 쳐다보기라도 하면 행여나 그 도둑놈은 아닐지 조마조마했다.

7) 면모전 : 조선 시대 육의전 중 하나로 무명(천의 일종)을 팔던 가게

'범인은 대체 누구란 말인가? 대낮에 누가 대범하게 내 돈을 훔쳤단 말인가.'

상돈은 머리가 아팠다. 장사도 영 안 되는 데다가 머릿속엔 잃어버린 돈 생각뿐이라 상돈은 일찍 장사를 접기로 했다.

그날 새벽, 상돈은 내내 잠을 못 이루었다. 돈은 다시 금세 벌어들일 것이다. 그러나 피같이 모아 둔 엽전들의 행방과 도둑이 누구인지 너무 궁금했다.

상돈 곁에는 편안한 얼굴로 자는 아내와 아이들이 있었다. 상돈은 옷장에 넣어 둔 상자를 다시 열어 보고 싶었다. 상자 속 돈이 다시 돌아온다면 비록 신을 믿지 않지만 세상에 존재하는 모든 신에게 감사를 드릴 수 있을 것만 같았다. 상돈은 눈을 감고 중얼거렸다.

"세상만사 신이 있다면 제 이야기를 들어 주시옵소서. 사라진 돈이 다시 돌아온다면 누구보다도 착하게 살겠습니다."

상돈은 옷장 속 깊숙한 곳에서 상자를 꺼내 들었다. 상자가 이상하게 무거웠다.

조심스럽게 연 상자 속에는 상돈이 그토록 애타게 찾던 돈이 들어 있었다.

"이게 무슨……?"

자신이 그간 모았던 액수 그대로였다. 돈을 모두 꺼낸 상자 밑바닥에 쪽지가 있었다.

상돈은 쪽지를 펼쳐 보았다.

'자기 것이 귀하면 남의 것도 귀한 줄 알아라.'

딱 그 말만 적혀 있었다.

"쳇!"

돈에서는 갓 건져 올린 비릿한 생선 냄새가 풍겼다. 상돈이 취급하는 건어물 냄새는 아니었다. 상돈은 삐져나오는 웃음을 억지로 참고 상자를 옷장이 아닌 다른 곳에 깊숙이 숨겨 두었다. 그리고 이불을 덮고 자리에 다시 누웠다.

"착하게 살 것이라는 기도는 무슨. 내 앞으로 더 보란 듯이 살리라."

상돈은 앞으로 더욱더 삶에 고삐를 쥐고 억척같이 살아야겠다고 마음먹었다. 창호지에 비친 달빛이 고요하게 상돈을 비추었다.

| 인터뷰 | **돈을 모으는 사나이의 특별한 박물관** |

손기자 안녕하십니까. 오늘은 조선 시대 저잣거리에서 '돈을 모으는 사나이'라는 별명을 가진 분이 특별한 박물관을 열었다고 해서 만나 보았습니다. 과연 어떤 이야기를 들려줄까요?

김거간 안녕하십니까. '돈을 모으는 사나이' 김 거간[8]입니다.

손기자 김 거간님께서 특별한 박물관을 열었다는 소문을 들었는데요. 오늘 우리에게 소개해 줄 특별한 물건은 무엇입니까?

김거간 저는 옛날부터 지금까지 사용된 화폐를 모아 왔습니다. 그걸로 경제 흐름을 보고 우리 아이들에게 교육하고자 이 박물관을 만들었습니다.

손기자 여기 오래된 조개껍데기는 무엇인가요?

김거간 옛날에는 필요한 물건을 다른 물건과 교환하는 물물 교환이 이루어졌지요. 그리고 가볍고 견고하여 휴대하기 좋다는 이유 등으로 조개껍데기를 이용한 실물 화폐 거래도 많이 이루어졌습니다. 이 조개껍데기는 기원전 2500년 전 것으로, 내 어렵게 구한 귀한 것이지요.

손기자 이후 사람들은 쌀이나 베, 면포 같은 것들을 실물 화폐로 이용했다고 들었습니다. 그런데 여기 보이는 이 동전은 무엇인가요?

김거간 이것은 고려 시대 때 사용한 해동통보와 건원중보라는 동전입니다. 한데 널리 쓰이지는 못하였습니다. 그 옆에 조롱박 형태의 것은 고려 숙종 때 은병이라는 화폐인데, 매우 비싼 것이었습니다.

안타깝게도 위조가 많아 유통이 금지되기도 했지요.

손기자 여기 종이돈인 저화도 있네요. 고려 시대 때 없앤 저화를 다시 만든 것이지요? 세종 대왕 때 조선통보와 저화를 널리 쓰이게 하려고 노력했지만 실패했다고 들었습니다.

김거간 그렇습니다. 여기 잘 아는 동전이 있지요?

손기자 상평통보네요.

김거간 맞습니다. 1633년 김육 등이 건의하여 처음 유통했었죠. 숙종 때 본격적으로 유통하여 널리 쓰인 화폐이지요. 다만 나라에서 찍어 내는 화폐는 적고, 상평통보를 집에 모아 두는 사람들이 많다 보니 화폐 부족 현상인 전황이 종종 일어났다는 점이 아쉽습니다.

손기자 자, 오늘 '돈을 모으는 사나이' 김 거간님 덕분에 화폐의 역사를 한눈에 알 수 있었습니다. 귀한 시간 내주셔서 감사합니다.

8) 거간 : 물건을 사고파는 사람에게서 돈을 받고 흥정을 붙이는 일을 하는 사람

고발합니다 　**금난전권을 등에 업은 시전 상인들**

　운종가에는 수많은 점포가 있습니다. 시전 상인은 국가에서 만든 점포에서 물건을 파는 사람들을 말합니다. 수많은 점포 가운데 규모가 큰 6개의 품목이 있습니다.

　비단을 파는 선전, 무명을 파는 면포전, 종이를 파는 지전, 모시를 파는 저포전, 명주를 파는 면주전, 생선과 건어물을 파는 내외어물전이 있는데, 이 6개의 시전을 일러 '육의전'이라고 합니다.

　시전 상인들은 세금을 내고 궁궐이나 관청에 필요한 물품을 바치면서 특정 상품에 대해 독점 판매권인 '금난전권'을 갖게 되었습니다. 이는 도성 안과 밖 10리(약 5km) 내에 있는 난전을 단속하는 권리였습니다.

　시전 상인과 반대로 나라에서 허가받지 않고 물건을 파는 사람들을 난전 상인이라고 합니다. 주로 남은 생산물이나 집에서 만든 물건들을 내다 팔아 집안 생계를 근근이 이어 갔습니다.

　그런데 최근 금난전권을 등에 업은 시전 상인들은 난전을 벌이는 백성들의 물건을 빼앗는 것은 물론 신체적으로 해를 끼치는 행동을 서슴없이 하여 요즘 장안이 이 문제로 시끄럽다고 합니다.

　이는 시전 상인들의 정당한 권리인가요, 권리 남용인가요? 난전 상인들의 한숨과 눈물로 도성이 얼룩지고 있습니다.

도전! 십자말풀이

< 가로 >
1. 규모가 큰 여섯 종류의 시전
2. 쌀과 면포 같은 화폐
3. 국가에서 만든 점포에서 물건을 파는 상인들
4. 1423년, 세종 때 만들어진 동전 모양의 화폐
5. 육의전 중 하나로 무명을 팔던 점포 이름
6. 조선 후기, 화폐가 부족한 현상

< 세로 >
① 난전을 금하는 권리로 시전 상인들이 가진 독점 판매권
② 상평통보가 처음 주조 및 유통되도록 건의한 인물
③ 육의전 중 생선과 건어물을 팔던 점포 이름. 내외○○○
④ 숙종 때부터 널리 쓰이기 시작한 화폐 이름
⑤ 육의전 중 명주를 팔던 점포 이름
⑥ 육의전 중 비단을 팔던 점포 이름

정답 : (가로) 1 육의전 2 실물화폐 3 시전상인 4 조선통보 5 면포전 6 전황
(세로) ①금난전권 ②김육 ③어물전 ④상평통보 ⑤면주전 ⑥선전

최고 권력을 견제하라

1510년 한양.

"공부를 열심히 하는 것이 무슨 소용이 있겠는가? 그 시간에 사회생활을 익히세. 그것이 성공의 지름길이니."

유생들이 이런 말을 하는 데는 다 이유가 있었다. 과거 급제하여 관직에 오르는 것보다 한 정승에게 잘 보여 한자리를 꿰차는 것이 출세에 더 도움이 되었기 때문이다.

한 정승의 집은 그에게 잘 보이려는 사람들로 항상 북적였다. 임금의 지지를 등에 업고 세력을 키운 한 정승은 어느새 임금을 능가하는 권력을 가지게 되었다.

"부디 다른 자를 그 자리에 앉혀 주시옵소서."

한 정승의 말에 임금은 자리에서 벌떡 일어나 말했다.

"지금 추천하는 자는 그대의 사람이 아닌가?"

왕은 다른 대신들을 바라보며 물었다.

"그대들도 한 정승과 같은 생각이오?"

"예, 전하."

임금은 고개를 저으며 힘없는 목소리로 말하였다.

"윤허[9]하노라."

조정은 한 정승이 추천한 사람들로 이미 가득했다.

바야흐로 한 정승의 세상이었다. 그러던 어느 날 임금에게 상소가 전해졌다.

한 정승은 욕심이 많은 자로 그의 집 앞은 뇌물을 바치려는 자들로 가득합니다. 조정의 대신들도 하나같이 그의 눈치를 보며 올바른 말을 하지 못하니, 한 정승이야말로 이 나라를 병들게 하는 자입니다.

상소를 읽는 임금의 마음은 기쁘면서도 두려운 마음이 들었다.

'조정에 이렇게 의로운 자가 있었다니. 이 기회를 잘 살린다면 한 정승을 몰아낼 수 있을 것이야. 하지만 의심스럽다. 혹시 이 글은 한 정승이 나를 떠보려 누군가를 시켜 쓰게 한 것이 아닌가?'

이 소식은 한 정승의 귀에도 들어갔다.

---

9) 윤허 : 임금이 신하의 청을 허락함.

"누가 나를 탄핵[10]하는 상소를 올렸다고? 주상은 무어라 명령을 내렸는가?"

"탄핵 상소를 올린 자의 이름은 정문수로 성균관을 졸업한 후 장원 급제하여 현재 사헌부에서 일하고 있습니다. 주상은 상소를 올린 자를 데려오라 명했지만, 대신을 견제하는 것이 사헌부의 본분이라 처벌을 내리지는 않을 것 같습니다."

"정문수? 젊다고 객기를 부리는가 보군. 그보다 나는 주상이 걱정된다. 분명 나를 위하는 듯한 행동을 취하였지만 그게 주상의 본심일까? 이러고 있을 때가 아니다. 나도 주상에게 서둘러 글을 올려야겠다."

한 정승은 실로 오래간만에 위기감을 느꼈다. 차분히 숨을 고른 후, 한 정승은 한 자 한 자 글을 써 내려갔다.

전하, 저에게 정승의 자리는 매우 과분한 자리이옵니다. 그런 저를 정승으로 삼아 나라를 위해 일하게 해 주셨으니 그 큰 은혜를 제가 어찌 다 갚겠습니까? 평생을 전하 곁에 있으며 충성을 다하고 싶었으나 이제 나이가 많아 몸을 움직이기도 힘듭니다. 부디 이 늙은이가 고향에 내려가 손자를 돌보며 평안히 살 수 있도록 허락해 주시옵소서.

겸손한 어조로 쓴 글이었지만 임금은 글의 숨은 의도를 파악할 수 있었다. 자신을 쫓아내고 싶으면 쫓아내 보라는 것이었다.

임금은 곤혹스러웠다. 조정에는 한 정승의 사람이 많아 그를 쫓아낸다면 한 정승의 사람들이 가만있지 않을 것이 분명했다.

그렇다고 한 정승의 도발적인 상소를 받고 가만있어도 아니 되었다. 임금으로서의 위세가 곤두박질칠 것이 분명했기 때문이다.

이때 구원자가 나타났다. 이번에는 하나가 아니라 여럿이었다. 사간원과 사헌부의 관리들이 집단으로 움직이기 시작한 것이다.

"한 정승의 사직을 윤허해 주십시오. 저희 뜻을 받아들이지 않으신다면 저희가 직을 내려놓고 떠나겠습니다."

한 정승은 대간의 집단적 움직임에 매우 당황했다. 본인 입으로 사직을 말했기에 반박할 수도 없었다. 자신의 편이 되어 줄 거라 굳게 믿었던 대신들은 대간의 다음 표적이 될까 봐 무서워 아무도 나서지 않았다.

임금의 명령이 내려지지 않자 대간에 이어 성균관 유생들도 나섰다. 성균관 유생들과 대간은 한 정승의 사직을 윤허해 달라고 임금에게 청했다.

권세가 하늘을 찌르던 한 정승일지라도 지배적인 여론을 무시할 수 없었다. 자신의 꾐에 도리어 빠지게 된 것이다.

"전하, 이 늙은이가 고향에 내려갈 수 있도록 허락해 주십시오."

10) 탄핵 : 죄상을 들어 탓함.

임금도 지금이 한 정승을 조정에서 내보낼 기회라는 것을 잘 알고 있었다.

"그대가 과인의 곁을 떠난다니 믿기지 않소. 하지만 그대가 그토록 원하니 사직을 윤허하오."

영원할 것만 같았던 한 정승의 시대가 허무하게 끝났다.

한 정승이 물러나자 한 정승의 사람들도 자연스레 힘을 잃었고, 임금의 힘은 나날이 강해졌다. 임금은 그간 하고 싶었던 것을 하려고 마음먹었다. 그런데 예상하지 못한 문제가 발생했다. 자신과 함께 한 정승을 몰아낸 대간이 임금을 방해하기 시작한 것이다.

"사냥을 떠나러 가야겠다. 사냥을 준비하라."

"전하, 아니 되옵니다. 유교 경전을 공부하기에도 바쁜데 사냥이라니요?"

"무엄하다. 임금이 되어 사냥조차 편하게 할 수 없는 것이냐? 자네들이 뭐라고 하든지 간에 나는 지금 내가 하고 싶은 것을 해야겠다."

"전하, 역사가 두렵지 않으십니까? 사관[11]이 전하의 모든 행동을 낱낱이 기록하여 후세에 남길 것입니다."

백성들도 자유롭게 자신들이 하고 싶은 것을 하는데 만백성의

---

11) 사관 : 역사를 기록하는 일을 맡은 관리

아버지라 불리는 임금이 하고 싶은 것을 자유롭게 못 하다니 임금은 너무 억울했다.

"사냥 한 번 하는 것이 그렇게 잘못된 일이란 말인가? 좋다. 사관에게 어디 마음껏 적어 보라 하라."

사간원 관리도 물러서지 않았다.

"전하가 저희 이야기에 귀 기울이시지 않는다면 저희가 이곳에 있을 이유가 없습니다. 직을 내려놓고 떠나겠습니다."

"감히 임금을 협박하는 것이냐? 어디 마음대로 해보라."

임금의 말에 사간원과 사헌부의 관리 모두가 직을 내려놓았다. 임금은 화가 났지만 중요한 자리를 오랜 기간 비워 둘 수 없었.

결국 임금은 대간을 어르고 달래 원래 자리로 돌아오게 했다. 대간은 이후에도 임금의 힘이 지나치게 강해지는 것을 견제할 목적으로 사직과 복직을 반복했다.

임금만 견제한 것이 아니었다. 대간은 한 정승과 같이 힘이 강한 대신이 두 번 다시 나오지 않도록 조정의 대신을 견제하는 역할도 했다.

한때 제 역할을 하지 못했던 대간이 이제는 그 누구도 무시하지 못할 세력으로 성장했다. 한 인물의 용기가 이러한 변화를 가져온 것이다. 그 인물은 바로 정문수였다.

그는 젊은 대간들 사이에서 전설적인 존재가 되었다. 정문수를 존경하며 따르는 이들은 정문수를 본보기 삼아 임금과 대신 앞에서 자신의 의견을 떳떳이 펼쳐 나갔다.

조회를 마치고 나오는 길에 한 대신이 옆에 있는 대신에게 불만 있는 목소리로 말했다.

"대간이 우리가 하는 말 한마디 한마디를 비판하니 어디 무서워 제대로 된 말을 할 수 있겠소?"

옆에 있던 대신이 조용히 하라는 몸짓을 취하며 말하였다.

"쉿! 대간이 들으면 어쩌려고 그러시오?"

처음 말을 꺼낸 대신은 아차 했다는 표정을 지으며 목소리를 낮추어 말을 이어 나갔다.

"그자들도 나이가 들면 결국 대신이 될 텐데 선배 격인 우리에게 너무하단 생각이 요즘 계속해서 든다오."

"그들의 역할이 그러한 것이니 어쩌겠소."

임금도 자신이 하는 일에 사사건건 참견하는 대간의 행동이 불만스러웠다. 대간의 중심에는 정문수가 있었다.

'그가 이렇게 클 것이라고는 생각도 못 했는데⋯⋯. 대신들조차 정문수의 눈치를 보고 그의 뜻이라면 두 팔 들고 환영하지 않는가?'

임금도 어느새 정문수의 뜻을 꺾기 어려운 지경에 이르렀다. 정문수를 견제할 세력이 그 어디에도 없었기 때문이다. 임금은 정문수가 두려웠다.

정문수는 유교에서 추구하는 전형적인 군자였다. 늘 친절하고,

항상 바른 몸가짐으로 학문에 임했으며, 효심도 얼마나 지극한지 주위 사람들은 정문수를 보기 드문 효자라며 존경했다.

  정문수는 권력이나 부와 같은 세속적인 가치를 목표로 두지 않았다. 그래서 임금은 정문수를 견제할 명분을 찾기 어려웠다.

  세월이 흘러 정문수는 조정의 대신이 되었다. 대간 시절 쌓아 온 명성을 바탕으로 누구보다 빠르게 우의정의 자리에 올랐다. 사람들은 정문수에게 잘 보이기 위해 선물을 들고 그의 집에 몰려들었다.

  젊은 시절이라면 이런 부류의 사람들을 당장 내쫓을 정문수였다. 하지만 정문수는 권력에 취해 이미 다른 사람이 되어 있었다. 정문수는 그들이 건넨 선물을 기꺼이 받았다.

  사람들은 달라진 정문수를 보고 실망했다.

  젊은 시절, 탄핵 상소를 올렸던 총기 넘치던 정문수는 이제 대간의 탄핵 대상이 되었다.

  "우의정 정문수가 자신의 권력을 이용하여 사사로이 그의 땅을 늘린다고 하옵니다. 정문수의 관직을 박탈하고 그에 따른 벌을 주시옵소서."

  임금은 탄핵 상소를 보며 씁쓸한 웃음을 지었다.

  '정문수가 이렇게 몰락하다니!'

  정문수가 권력을 이용해 재산을 늘렸다는 것이 사실로 입증되었지만, 임금은 정문수에게 특별한 형을 내리지 않았다. 형을 받기에 나이가 많다는 이유였다. 다만 관직은 박탈되었다.

사람들로 득실거리던 정문수의 집은 이제 개미 한 마리 보이지 않았다.

'한때 대간이었던 내가 대간의 힘을 무시하였으니 하늘에서 벌을 내리는구나.'

대간은 이후에도 그들의 역할을 충실히 했다. 그들은 조선 땅에 권력을 남용하는 이가 등장하지 않도록 견제하는 역할을 계속하며 조선의 역사를 써 내려갔다.

> 진로 체험 학습 **'전하 아니 되옵니다' 삼사 직업 체험기**

　1517년 ○월 ○일, 서당의 훈장님과 학동들은 삼사에 진로 체험 학습을 다녀왔다. 삼사란 사헌부, 사간원, 홍문관을 말한다.
　각 기관의 현직 관원들은 일일 훈장님이 되어 학동들에게 사헌부, 사간원, 홍문관을 직접 소개해 주었다.
　사헌부의 한 관원은 "조선 시대의 삼사는 매우 특별하다. 삼사는 왕이나 대신 한 사람에게 권력이 집중되지 않도록 견제하는 역할을 한다. 삼사가 있어 권력의 균형이 이루어지는 것이다. 삼사 관원들은 자신의 직업에 자부심을 가지는 한편 막중한 책임감도 느낀다."라고 학동들에게 말했다.
　학동들은 관원들의 직업 소개를 들은 후 자리를 이동하여 사헌부, 사간원, 홍문관의 일을 역할극으로 간접 체험했다.

아직 구체적인 진로를 선택하기에는 다소 어린 나이지만 관원들과 함께한 특별한 체험을 통해 학동들은 자신의 인생 설계를 위한 첫걸음을 내디뎌 보았다.

체험에 참가한 한 학동은 "명문가 집안에서 대간이 많이 나온다는 것을 알고 놀랐다. 역시 대간은 아무나 할 수 있는 것이 아니었다. 홍문관 관원이 되려면 유교 경전을 열심히 공부해야 한다고 배웠는데 명문가 집안이 아니라도 경전을 열심히 공부해 꼭 홍문관 관원이 되고 싶다."라고 말했다.

훈장은 "이번 교육을 통해 학동들이 삼사 관원들이 하는 일을 알게 된 것은 물론 자신의 진로도 탐색해 보는 시간까지 가졌다. 우리 서당의 학동들 모두 열심히 공부하여 삼사의 관원들처럼 나라에 쓰임 받는 인재로 성장하기를 바란다."라고 말하였다.

상식 코너 | 사간원, 사헌부, 홍문관의 자격과 역할

대간은 아무나 할 수 있는 것이 아니었습니다. 다른 사람의 눈치를 보지 않고 잘못된 것을 당당하게 비판할 수 있는 20~30대의 명문가 자제들만이 대간이 될 자격이 있었습니다. 젊은 시절 대간을 거치면 조정의 높은 대신으로 빠르게 승진할 수 있었습니다.

대간은 섣부르게 관리들을 고발할 수 없었습니다. 자신의 직책을 걸고 비리를 저지른 것으로 판단되는 관리를 탄핵해야 했습니다.

대간이 고발한 관리가 비리를 저지른 사실이 없다고 결론 나면 대간은 그 즉시 자신의 직위를 반납해야 했습니다.

⦿ 사헌부

맡을 사(司), 법 헌(憲) 자를 씁니다. 조선 시대, 왕의 언행을 바로잡고 비리 관원을 탄핵하는 역할을 하였습니다. 감찰 관리를 지방에 파견하여 지방 수령의 비리를 적발하기도 하였습니다. 게다가 사헌부는 새로 임용되는 관원의 자격을 심사하였습니다. 사헌부가 자격이 없다고 반대하면 관원이 될 수 없었습니다.

⦿ 사간원

맡을 사(司), 간하다 간(諫) 자를 씁니다. '간하다'는 뜻은 임금에게 옳지 못하거나 잘못된 일을 고치도록 말하는 것을 의미합니다. 당시 절대 권력을 가진 임금을 견제하던 사간원은 왕의 잘못이나 비행을 고칠 것을 간절히 말하는 '간쟁'과, 임금의 주장이나 의견에 대해 잘

못된 점을 말하는 '논박'을 할 수 있었습니다.

● 홍문관

넓을 홍(弘), 글월 문(文), 객사 관(館) 자를 씁니다. 조선 시대 궁중의 경서나 사적의 관리, 왕의 자문에 응하는 일을 하였습니다. 홍문관의 관원은 자주 왕에게 옳고 그름을 논하거나 간언하였습니다.

소문만 듣고 대신을 쫓아낸 대간!
그런데 그 **소문이 거짓이라면** 대간은 어떻게 될까?
대간 A씨와 B씨 중 **누구 말이 맞을까?**

소문이 거짓이라고? 아니 땐 굴뚝에 연기 나겠어? 사실이 아닌 게 밝혀져도 어쨌든 대간직은 계속할 수 있소.

아! 내 모든 걸 걸고 탄핵한 거요! 사실이 아닌 걸로 밝혀졌으니 나는 자리에서 물러나야 하네.

풍문으로 대신에게 탄핵받은 관료는 사직서를 내고 물러나 조사를 받습니다. 조사 결과 사실일 경우, 대신은 관직에서 물러나게 되지요. 그러나 소문이 거짓일 경우, 대간이 자기 자리에서 물러나야 해요.

정답 : B대간

살려면 줄을 잘 서야 한다

1618년 한양, 새파란 가을 하늘 아래 하늘보다 더 파란 기와지붕 집이 있었다. 이곳은 고을에서 권세가 가장 높은 조 대감의 집이었다.

"사람의 자식 된 자가 어찌 효도하지 않겠는가?"

청기와 대감 댁 담장을 넘어 어린아이의 목소리가 들려왔다.

"벌써 소학을 줄줄 외다니 보통 영특하신 것이 아니지 않소?"

조화평의 영특함은 온 고을에 소문이 자자할 정도였다.

세월이 흘러 조화평은 명석하고 총기 가득한 청년으로 성장하였다.

그 무렵 마을에서는 이상한 소문이 돌았다. 만주에 흩어져 있던 여진족을 하나로 통일한 누군가가 명을 친다는 소문이었다. 그자는 조선에 화친[12]을 요구하기까지 했다고 한다. 이 소문을 들은 화평은 혼란스러웠다.

'만약 그 소문이 사실이라면 국력이 쇠약해진 명나라가 떠오르는 여진을 상대하기 쉽지 않을 것이다.'

"화평아, 무슨 근심거리라도 있는 것이냐?"

화평의 마음을 눈치챈 조 대감이 물었다.

"예, 아버지. 사실 요 며칠 들려오는 소문이 신경 쓰여 시 쓰기에 집중하지 못했습니다."

"오랑캐가 명나라를 친다는 소문 말이냐?"

"네, 그러하옵니다. 아버지, 명나라와 조선은 아버지와 자식의 관계입니까? 그렇다면 나라의 중대 사안이 생기면 사대[13]가 우선입니까, 국익이 우선입니까?"

"화평아, 명나라는 우리에게 아버지의 나라이니라. 신하는 다른 임금을 섬길 수는 있으나 아버지라는 존재는 변할 수 없느니라. 또한 너의 전제가 틀렸다. 사대와 국익이 충돌할 것이라는 그 전제 말이다. 명을 사대하는 것이 곧 국익을 가져다줄 것이다."

화평 또한 임진왜란 때 군사를 파견하여 위기의 조선을 구한 명나라의 은혜를 잊지 않았다. 부모를 버리는 자식이 어디 있냐는 아버지의 말도 충분히 이해되었다.

'명나라에 대한 대의를 저버리지 않기 위해 결국 여진과 전쟁을

12) 화친 : 나라와 나라 사이에 다툼 없이 가까이 지냄.
13) 사대 : 약자가 강자를 섬김.

벌여야 하는가?'

화평의 마음을 대변하기라도 하듯 하늘은 이내 어두워졌다.

'그간 쌓인 한을 이제 풀 때가 되었다.'

커다란 덩치에 날카로운 눈매를 가진 한 남자가 말고삐를 움켜쥔 채 푸른 초원을 응시하였다. 그는 명나라 군대에 아버지와 할아버지를 동시에 잃은 아픈 기억을 떠올렸다. 남자의 이름은 누르하치. 그가 부족들을 통일해 나가기 전만 해도 여진은 한반도 위쪽 만주 지역에서 분열되어 살고 있었다.

사실 명나라는 여진족이 자신들에게 큰 위협이 될 것을 너무나 잘 알고 있었다. 그래서 여진의 여러 부족이 힘을 합치지 못하도록 끈질기게 방해해 왔었다.

그러던 중, 조선에서 임진왜란이 발발했고 누르하치에게 큰 기회가 찾아왔다. 임진왜란으로 명나라의 견제가 느슨해진 틈을 타 누르하치는 부족의 세력을 통합하고 후금을 세웠다.

칸의 자리에 오른 누르하치는 부하들 앞에 섰다.

"명나라는 지금까지 우리에게서 많은 것을 빼앗아 갔다. 이제 우리는 명나라에게 빼앗긴 우리 것을 되찾으려 한다. 도환, 그대가 우리 군의 선봉에 서라."

"네! 대륙을 통째로 칸께 바치겠습니다."

후금 최고의 장수, 도환은 큰 창을 자유자재로 휘두르는 데다

활까지 잘 쏘아 그를 일대일로 상대할 수 있는 자는 세상에 없었다.

선봉에 선 도환은 책사를 불러 물었다.

"칸의 후발대가 오기 전에 이곳 요동의 방어선을 무너뜨려야 한다. 좋은 꾀를 내보게."

"장군, 무순은 뚫기 힘든 험난한 요새입니다. 평소 하던 방식대로 공격하면 우리 군에도 큰 손해가 있을 것입니다."

"그럼 어떻게 하면 좋겠는가?"

"장군과 병사들이 상인으로 변장하는 것입니다. 때마침 내일 무순에 장이 섭니다. 그때를 노려 성안으로 들어가기만 한다면 무순은 우리가 쉽게 점령할 수 있습니다."

"대단하오. 그대 말대로 하리다."

다음 날 아침, 도환과 병사들은 책사의 전략에 따라 상인으로 변장해 무순의 성안으로 들어갔다. 성문을 통과하자마자 도환의 병사 중 하나가 소리쳤다.

"장군님! 너무나도 쉽지 않습니까? 명나라 병사들 정말 별것 아닙니다요."

"명나라 병사들은 정말 약해빠졌구나. 후금의 병사들이여, 지금 당장 성을 빼앗아라!"

갑자기 들이닥친 후금에 명나라 병사들은 당황해 어찌할 줄 몰랐다. 성안에서의 전투는 예상보다 빠르게 끝났다. 명나라가 자랑

하던 요동 방어선은 허무할 정도로 쉽게 뚫렸다.

후금이 명나라 군대를 격파하고 무순을 함락했다는 소식이 조선 전역에 삽시간에 퍼졌다. 그와 동시에 명나라 사신이 조선에 도착했다.

명나라 사신으로 온 자는 악랄하다고 소문이 자자한 환관, 장양이었다. 이전의 행실로 보아 거드름을 피우며 조선에 많은 것을 요구할 것이 불 보듯 뻔했다.

조선에 도착한 장양은 황제의 칙서[14]를 발표했다.

"조선의 왕은 은혜도 모르는 자인가? 조선을 가엽게 여겨 황제께서 조선에 군사를 파견한 일이 엊그제이다. 지금 당장 군사를 파견하여 지난 왜란 때 명나라에 입은 은혜를 갚아라."

장양은 예나 지금이나 여전히 무례했다. 하지만 조선의 왕과 대신들 모두 명나라의 사신을 어찌할 수 없었다. 왕과 신하들은 이전과 같이 장양을 극진히 대했고 명나라로 돌아가는 길에 선물로 막대한 보물도 함께 챙겨 보냈다.

임금이 명나라 사신에게 모욕을 받았다는 소식을 들은 화평은 한때 좌의정까지 지낸 아버지를 찾아가 말했다.

"오늘날 조정의 대신들은 모두 벙어리입니까? 자국의 임금이 타

14) 칙서 : 황제가 알릴 내용을 적은 글이나 문서

국의 사신에게 모욕당하고 있는데 나서는 자가 어찌 하나도 없었단 말입니까? 효와 충을 최고의 가치로 삼는 조선에서 이러한 일이 가당키는 한 겁니까?"

한 번도 흥분한 적이 없던 아들을 보며 조 대감은 깜짝 놀랐다.

"이놈! 너야말로 양반이라는 녀석이 아버지에게 이 무슨 말버릇이냐? 명나라가 약해졌다고는 하지만 조선과 비교하면 아직도 대국이다. 대국의 사신을 함부로 대우했다가 어떤 꼴을 당하는지 정녕 몰라서 하는 말이냐? 그리고 명나라는 아버지 나라이다. 아버지에게 어찌 함부로 대하겠느냐?"

"아버님, 그렇다면 조선은 앞으로도 대국이자 아버지인 명나라의 뜻에 따라 계속 끌려다녀도 괜찮단 말씀이십니까? 현재 후금은 떠오르는 해요, 명나라는 지는 해입니다. 명나라의 요청을 따라 군대를 파견했다가 후금에 어떤 봉변을 당할지 소자는 심히 걱정됩니다."

"그건 너 같은 어린애가 걱정할 것이 못 된다. 너는 이 일에 관심을 두지 말고 학문에만 힘쓰거라."

조 대감의 말에 화평은 자신의 방으로 들어가 붓을 들었다.

'나라가 망하기 직전인데 학문을 하는 것이 무슨 소용이더냐? 이 나라의 군대가 허약하기 짝이 없다는 것은 누구나 잘 아는 사실이다. 이 군대로 후금과 맞선다? 이는 오히려 후금을 자극하기만 할 뿐이다. 지금 내가 할 수 있는 일은 이것밖에 없다.'

화평은 종이와 붓을 꺼내 무엇인가를 열심히 적기 시작했다.

나흘 후, 명나라에 군대를 파견할 것인가에 대한 논의를 위해 조정에 임금과 대신들이 모였다. 긴 침묵을 깨고 임금이 대신들에게 어찌하면 좋을지 물어보았다.

영의정이 나서서 말했다.

"전하, 깊이 고민하실 필요 없습니다. 어렵고 힘든 문제일수록 원리 원칙대로 해결해야 합니다. 태조께서 조선을 건국하시고 오늘에 이르기까지 조선의 외교 정책은 단 한 번도 변하지 않았습니다. 사대교린[15] 정책에 따라 오늘의 문제를 해결하는 것이 옳다고 봅니다."

좌의정이 영의정의 말을 거들었다.

"전하, 저도 영의정의 생각에 동의합니다. 우리 조선이 누구 덕에 왜란을 극복했습니까? 명나라가 군대를 보내지 않았다면 우리가 지금 이 자리에 모일 수나 있었겠습니까? 현재 후금의 세력이 강하다고 하더라도 그건 일시적일 뿐입니다."

대신들의 말에 임금은 분노에 가득 찬 목소리로 말했다.

"명나라 덕에 왜란을 극복했다고 했소? 왜란은 우리 백성들의 힘으로 극복한 것이오. 나라를 위해 목숨을 걸고 싸운 우리 백성

---

15) 사대교린 : 큰 나라를 받들어 섬기고 이웃 나라와는 화평하게 지냄.

들에게 나라가 해 준 것이 뭐가 있소? 백성에게 베풀어야 할 대접을 우리는 사대교린이라는 이유로 저 오만한 명나라에 하고 있지 않소? 그대들은 우리 군이 명나라 군을 도와 후금에 승리할 수 있다고 보시오?"

"우리 군의 전력이 약하다는 것은 저희 모두가 잘 알고 있습니다. 다만 대국과의 의를 저버리고 오랑캐와 손을 잡는 것은 도저히 할 수 없기에 이리 말씀드리는 겁니다."

"물론 군대를 보내긴 할 것이오. 하지만 이것은 절대 사대의 예 때문이 아니오. 우리가 어떠한 조치도 취하지 않고 가만히 있으면 후금이 나중에 우리를 우습게 볼 것을 염려해서라오."

임금의 단호한 말에 대신들은 그 어떠한 말도 할 수 없었다.

임금 광해는 사대의 예만을 중요시하는 대신들과 달랐다. 광해는 병사들을 이끌고 전쟁터로 떠나는 강홍립 장군에게 은밀하게 편지를 전했다.

그 편지는 누르하치에게 보내는 것이었다.

편지에는 '명나라의 요청을 거절하기 어려워 군사를 파병하였으나 후금의 군대와는 싸울 생각이 없다. 부디 우리 병사들을 살려 보내 주시게.'라고 적혀 있었다.

'누르하치가 내 본심을 알아주었으면 좋겠구나. 그나저나 조화평이라. 유생 신분으로 내게 이런 글을 올리다니. 결국 그가 보낸

글의 내용대로 내가 따른 것이 아닌가? 이 사람은 실로 나라를 걱정하는 자로다.'

그 후 명나라의 요청을 받아 파병한 조선의 군대는 어떻게 되었을까? 조선의 외교는 성공하였을까?

건국 때부터 오랜 기간 명나라를 아버지처럼 섬긴 조선. 하지만 나라의 큰 위기 앞에서 실리 외교를 택한 왕. 강대국 사이에서 아슬아슬하게 줄타기하며 작은 나라가 살아남는 방법을 택한 광해의 선택은 어떤 결과를 가져왔을까?

속보 　**전면전을 선포한 누르하치**
　　　　　　명나라, 조선에 지원군 요청

기자　　여진족을 통합한 누르하치가 군대를 이끌고 무순으로 향하고 있다는 소식입니다.

진행자　무순은 교역의 요충지로 후금에 무순을 빼앗긴다면 명나라는 만주 지역에 대한 영향력을 상실할 수도 있는데요. 명나라는 어떻게 대응하고 있나요?

기자　　명나라는 조선에 지원군을 요청했습니다.

진행자　임진왜란으로 국력을 상당 부분 소진한 명나라와 조선이 누르하치의 강력한 기마병을 막아 낼 수 있을까요?

기자　　무순이 명나라에 중요한 곳인 만큼 명나라도 쉽사리 물러서지 않을 것 같습니다.

진행자　조선은 명나라에 확실히 지원군을 파견하는 건가요? 조선 조정의 공식적인 입장이 나왔나요?

기자　　조선에서는 이번 파병 문제로 나라 안팎에서 여러 이야기가 나오는 것 같습니다. 저희 취재팀에서는 조선의 상황이 어떠한지를 알 수 있는 대화방을 입수했습니다.

명

조선은 들으시오.
임진왜란 때 조선을 도와주었으니 후금과 싸울 지원군을 보내 주시오.

후금이 대화방에 들어왔습니다.

명이 대화방에서 나갔습니다.

후금

우리는 조선과 적이 될 생각이 없다. 명나라에 군대를 보내지 않는 것이 좋을 것이다.

후금이 대화방에서 나갔습니다.

광해군이 대신들을 대화방에 초대했습니다.

후금과 싸우지 않고 중립 외교를 펼치려 하오.

광해군

대신

명나라가 지난날 우리를 도운 것을 잊지 말아야 합니다. 오랑캐와 화친을 맺을 수는 없습니다.

> 심층 보도   **사대를 바라보는 고려와 조선의 시각 차이**

　사대는 작은 나라가 큰 나라를 섬기는 외교 정책이었어. 사대를 통해 작은 나라는 큰 나라와 갈등 없이 나라를 지킬 수 있었지. 그런데 이 사대에 대한 기준이 고려와 조선이 달랐어.

　고려는 상대방이 원하는 것을 주고 우리가 얻어야 할 것을 얻는 외교를 하였지. 고려를 대표하는 외교관, 서희는 고려를 침입한 거란의 의도를 간파하고 담판에 나서. 서희는 거란의 장군 소손녕을 만나 고려가 여진족을 쫓아내고 거란과 국경을 접하게 된다면 거란에 조공을 바치겠다고 제안했어.

　고려의 사대 약속에 거란은 기뻐하며 그 즉시 군사를 물렸지. 거기에다 고려는 방어에 주요한 강동 6주 땅까지 얻었어. 사대의 명분을 주고 실제 이득을 챙긴 거야.

　서희 이후에도 고려의 외교는 빛났어. 당대 세계 최강이라고 불리던 몽골에 내전이 발생했어. 고려 원종은 칸의 자리를 두고 다투는 두 인물 중 쿠빌라이를 찾아 항복했어.

　후에 쿠빌라이가 내전에서 승리하고 칸의 자리에 오르자 원종은 쿠빌라이에게 고려에 주둔하는 몽골군과 고려의 내정을 간섭하는 몽골의 관리인을 철수시켜 달라고 요청했지. 놀랍게도 쿠빌라이는 원종의 요청을 대부분 들어주었어.

　이렇게 고려는 강경책과 온건책을 잘 사용하여 여러 나라와 외교를 했어.

상식 코너 **나라 이름이 조선이 아닌 화령이 될 뻔?!**

　조선의 외교 정책은 명나라를 대국으로 섬기는 것이었습니다. 전쟁에서 단 한 번도 패배한 적이 없던 이성계도 명나라와 직접 맞부딪치는 것은 부담스러워했지요.

　그래서 이성계는 새로운 나라 이름을 스스로 택하여 사용하지 않고 명나라 황제에게 선택해 주기를 부탁했습니다.

　이성계의 부름을 받고 명나라로 간 사신은 명나라 황제에게 조선과 화령 두 선택지를 내밀었습니다. 조선은 단군 조선을 계승하는 이름이었고, 화령은 이성계의 출생지였습니다.

　명나라 황제 주원장은 두 이름 중 조선을 선택했습니다. 명나라 황제가 화령을 택했다면 지금 조선은 화령으로 불리고 있을지도 모르겠습니다.

군량미 도난 사건

1627년 당아산성, 몇 주째 이렇다 할 적의 큰 움직임이 없어 병사들은 거의 제자리걸음으로 성문을 지키고 있었다. 뙤약볕이 내리쬐는 무더위에 병사들의 얼굴은 홍시처럼 발갛게 익어 갔다.

"아, 언제 이 지루한 싸움이 끝나려나."

한경은 한숨을 쉬며 거칠거칠한 성벽을 손끝으로 매만졌다.

"그나마 밥심으로 하루하루를 버티는 겁니다. 아침밥 먹은 지 얼마나 됐다고 벌써 배고프네요."

기골이 장대하고 얼굴이 까무잡잡한 밤나무골 손씨가 머쓱하게 웃으며 말했다. 한경은 손씨의 말에 힘없이 웃었다.

그날 밤, 성문을 지키는 사람들의 모습이 횃불에 얼룩얼룩 비쳤다. 사람들은 고향에 있는 가족들을 매우 그리워했다. 밤사이 풀어놓았던 가족들에 대한 그리움은 동이 트자 모두 약속이나 한

듯 타오르는 횃불 속에 던져졌다.

"이보시게들, 다들 일어나 보시오!"

아침에도 늦은 밤처럼 피곤이 주렁주렁 매달린 병사들의 눈이 일제히 소리 지르는 한 남자에게로 가 박혔다.

"거 무슨 일이기에 아침부터 소란이오?"

"큰일 났소! 창고에 있던 군량미가 사라졌소!"

소리를 지른 남자는 겁에 질린 눈빛이었다.

"누가 그랬단 말이오? 어젯밤에 보초를 섰을 때 아무 인기척도 없었는데……."

한경은 정신이 번쩍 들어 소리 지르는 남자에게 답했다. 사람들은 그 남자를 따라 창고로 한걸음에 달려갔다. 창고의 걸쇠[1]는 단단히 잠겨 있었다. 그러나 걸쇠를 열고 들어가 보니 군량미가 있었던 흔적은 바닥에 나뒹구는 흩어진 쌀 몇 가마니가 전부였다.

"걸쇠가 걸려 있는데 어떻게 훔쳐 갔단 말인가?"

한경은 어젯밤 보초를 섰던 자신에게도 분명 모진 문초[2]가 있으리라는 생각이 들자 두려움에 뒷머리가 삐죽 솟았다.

"군량미가 싹 사라졌단 말이냐?"

관찰사는 소식을 전한 이를 바라보며 소리쳤다.

1) 걸쇠 : 대문이나 방의 여닫이문을 잠그기 위하여 빗장으로 쓰는 'ㄱ' 자 모양의 쇠
2) 문초 : 죄나 잘못을 따져 묻거나 심문함.

"이른 시일 내로 범인을 잡아야 할 걸세. 내 이놈들을 잡아 본보기를 보이겠네."

성 인근 마을에 방이 붙었다. 성 근처에서 거동이 수상한 사람을 발견하면 제보를 달라는 방이었다. 사람들은 수군거리며 무슨 일이 일어났는지 궁금해했다.

한경을 비롯하여 그날 성문을 지켰던 병사 여럿이 감영[3] 마당 앞으로 불려 왔다. 마당에는 나무 의자와 새빨간 인두가 그들을 기다리고 있었다. 무서운 얼굴을 한 관찰사가 입을 열었다.

"자네들이 군량미가 사라진 것과 관계없음을 증명해야 할 걸세."

"저…… 저는 모릅니다요."

노모를 먼 곳에 두고 온 중년의 남자, 이씨가 소리쳤다.

"어제, 여기 있는 자들 모두 같이 성문 근처를 돌며 경계 근무를 섰습니다요."

"맞…… 맞습니다. 저희는 어제 똘똘 뭉쳐 성문 보초를 섰을 뿐입니다. 군량미를 훔쳐 갔다니 가당치도 않습니다."

한경도 억울하다는 듯 소리 내었다.

관찰사는 예상했다는 듯 답했다.

"여봐라, 이놈들을 옥에 가두어라. 내 거짓말을 한 자가 있으면 낙형[4]으로 다스려 주겠다."

보초를 섰던 병사 다섯은 포승줄에 묶여 옥으로 향했다. 감영

3) 감영 : 조선 시대에 관찰사가 직무를 보던 관아
4) 낙형 : 불에 달군 쇠로 몸을 지지는 일

내에 설치된 감옥에 들어서자마자 퀴퀴하고 톡 쏘는 냄새가 코를 찔렀다.

'하루 만에 감옥신세라니……'

한경의 한숨에 다른 이들도 깊은 한숨을 지었다. 포승줄에 묶여 온 이들은 제 키보다 더 큰 기다란 모양의 칼을 차야 했다. 칼의 무게 때문에 목, 어깨, 허리 안 아픈 곳이 없었다. 악몽 같은 시간이 얼마나 흘렀을까?

갑자기 나무 문을 거칠게 여는 소리가 나더니 한 건장한 사내가 들어와서 그들 앞에 섰다.

"군량미를 훔친 이들이 붙잡혀 지금 마당에 있다네. 그네들은 즉시 마당으로 가 사건의 진위를 밝히도록 하라."

오랜만에 제대로 마주한 햇살에 눈이 부신 병사들은 얼굴을 찌푸리며 마당으로 나왔다. 마당에는 장형을 받고 볼기가 터진 세 사람이 있었다.

'장형이라니……. 내 오늘 여기서 살아 나갈 수 있을까?'

한경과 병사들은 절망스러웠다. 마당에 들어선 병사들을 보고 관찰사가 입을 뗐다.

"여기 초주검이 된 세 명은 군량미를 빼돌린 놈들이지. 고개를 들어 이놈들 얼굴을 똑똑히 보아라. 아는 얼굴인지! 그리고 너희 세 놈들도 얼굴을 들어 여기 아는 이가 있는지 보아라. 사실대로 고해야 할 것이야!"

그때 초주검이 된 3명 중 가장 키가 큰 누군가가 소리쳤다.

"저놈입니다! 저에게 군량미를 빼돌리라고 사주한 자가 바로 저 자입니다!"

키가 큰 자가 힘없이 가리킨 자는 태어난 지 얼마 안 된 핏덩이를 두고 온 병사 김씨였다. 김씨는 식은땀을 흘리며 말했다.

"무…… 무슨 소리인가? 나는 오늘 당신을 처음 봤소!"

관찰사는 노기를 띤 목소리로 소리쳤다.

"여봐라. 인두를 대령하라."

김씨는 고래고래 소리를 지르며 아니라고 주장했다. 손발이 묶인 채 의자에 앉은 김씨는 뜨거운 인두에 고통스러워했다. 김씨의 모습을 지켜보며 침을 꼴깍꼴깍 삼키던 병사들은 김씨가 진짜 그랬을까, 아니면 억울하게 누명을 쓴 것일까 헷갈렸다.

얼마나 긴 시간이 흘렀을까.

"하하하……."

다 죽어 가던 김씨가 어디서 힘이 났는지 호탕한 소리를 내며 웃었다. 사람들은 그가 정신이 나갔다고 생각했다.

"이보시오, 관찰사 양반. 솔직하게 말하면 내 가족은 살려 주는 것이오?"

드디어 김씨가 반응을 보이자 관찰사는 기쁜 기색을 감추며 대답했다.

"그래, 네놈의 가족은 확실히 살려 주겠으니 사실대로 고하라."

"몇 달 전에 아내와 나 사이에 소중한 아기가 생겼소. 그런데 내가 나라를 지킨다고 오랫동안 자리를 비웠잖소. 내 분명 쌀독에 곡식이 거의 남아 있지 않은 것을 두 눈으로 똑똑히 보고 왔는데……. 이러다가 남은 가족들이 다 죽겠다 생각했지."

김씨는 숨을 헐떡거리며 계속 말했다.

"병사들과 보초를 서던 밤, 모두 가족 이야기를 하며 그리움을 참고 있었소. 내 평소에 군량미를 보관하는 창고지기와 친분이 두터웠지. 그날은 창고지기에게 보초를 서며 창고도 같이 둘러보겠다고 열쇠를 미리 받아 두었소. 그리고 배탈이 났다는 핑계로 자리를 비우고 이자들 세 명의 도움을 받아 군량미를 빼돌린 것이오."

한경은 딱한 김씨의 사정이 헤아려지면서도 군량미를 약탈한 그의 대범함에 놀라지 않을 수 없었다.

김씨가 이야기를 마치자마자 관찰사가 큰 소리로 명했다.

"네놈이 진실을 고했으나 군량을 약탈한 죄는 매우 엄중하다. 당장 이놈을 장형 팔십 대에 처하라."

김씨가 붙잡혔다는 소식은 성문을 지키던 한 사내의 귀에도 들어갔다.

'나도 꼼짝없이 잡히겠구나…….'

사내는 살고 싶었다. 먼 고향에 있는 가족들이 생각났다. 나이

많고 쇠약한 어머니, 든든한 여장부 같은 아내, 토끼 같은 자식도 둘이나 있었다. 사내의 집 또한 찢어지게 가난한 상민의 집이었다. 김씨와는 어릴 적부터 형, 동생 하며 알고 지낸 사이였다. 사내는 김씨와 계획을 세웠던 그날 생각에 정신이 아득해졌다.

꽃향기 가득한 봄날이었다. 사내와 김씨가 군에서 만나 얼굴을 확인하던 날, 그들은 매우 기뻤다. 하지만 기쁨도 잠시 곧 그들의 처지가 서글퍼졌다. 둘 다 무척 가난하게 사는 것을 누구보다도 잘 아는 처지였기 때문이었다.

"자네에게 좋은 소식이 있다고 들었는데……."

"네, 형님. 얼마 전에 예쁜 딸이 태어났어요. 얼른 군 복무가 끝나 딸과 행복한 시간을 보내고 싶은 게 제 소원입니다."

딸의 얼굴을 떠올리며 행복한 미소를 짓던 김씨는 금세 우울한 표정으로 바뀌었다.

"축하하네. 그런데 자네, 무슨 걱정이 있는가?"

김씨는 자신의 배를 손으로 문지르며 대답했다.

"저는 군에 있으니 끼니 걱정이 없지요. 그런데 군에 오기 전에 쌀독을 열었더니 곡식이 거의 안 남아 있더라고요. 아내도 아기도 입에 풀칠은 하고 사는지 걱정됩니다."

"자네도 그러한가? 나 또한 우리 어머니, 아내와 아이들이 어떻게 하루하루를 살고 있을지 생각하면, 내 하루에도 몇 번이나 눈물이 나는지 모른다네. 내 가족도 못 지키면서 나라를 지킨다고 나와 있는 꼴이 아주 우습네."

그때 문득 사내는 말도 안 되는 생각이 들었다. 사내는 그 생각을 떨치려 했지만 그럴수록 오히려 더 선명하게 떠올랐다.

"자네, 이 성 근처에 군량미 창고가 있는 걸 아는가?"

"네, 형님. 그런데 군량미 창고는 왜 말씀하십니까?"

"내 잘 아는 동생들이 있는데 힘도 세고 날쌔기도 하다네."

김씨는 사내의 흔들리는 눈빛을 바라보았다.

"군량미 훔치다 걸리면 죽기야 하겠어? 끽해야 강제로 일하는 도형 정도겠지. 가족들 다 굶겨 죽이느니 감옥에 가는 편이 낫지."

사내는 연신 불안한지 자기가 한 말을 되뇌며 중얼거렸다.

"당장 이놈을 장형 팔십 대에 처하라!"

관찰사의 명령이 떨어진 순간, 마당에 몰골이 엉망인 자가 한 명 더 잡혀 들어왔다.

'아니!'

한경은 그자의 모습을 보고 매우 놀랐다. 그자는 다름 아닌 큰일이 났다며 아침에 자는 이들을 모두 깨운 병사였다. 그자가 바로 김씨와 함께 군량미 약탈을 계획한 사내였다.

"형님!"

김씨는 엎드려 누워 있는 와중에 사내를 바라보았다. 사내의 눈에 자신처럼 엉망이 된 김씨의 모습이 들어왔다. 사내는 울음을 참으려 입술을 깨물었다.

그날, 군량미 사건과 관련 없는 자들은 가벼운 태형만 받고 풀려났다.

'김씨는 어떻게 되었을까?'

한경은 딸이 보고 싶다던 김씨의 선한 얼굴이 자꾸만 떠올라 괴로웠다.

그 후 한경은 병사들 사이에 떠도는 이야기로 사건의 주모자였던 사내는 사형을, 김씨는 장형으로 다리가 망가진 채 집으로 돌려보내졌다는 소식을 들었다.

한경은 그들이 안타까운 선택을 할 수밖에 없었던 현실이 참담했다. 그러나 법에 따라 엄중한 형벌을 내릴 수밖에 없는 현실 또한 이해되었다.

인터뷰 　**조선 시대 죄인들은 어떤 벌을 받았을까?**

진행자　안녕하세요. 어떤 일을 주로 하시는지 말씀해 주실 수 있나요?

포졸　저희는 죄인을 심문하고 도둑을 잡는 일을 합니다. 범죄가 일어나지 않도록 순찰도 열심히 하지요.

진행자　어디에서 주로 근무하시나요?

포졸　임금님이 계시는 서울과 경기도 주변에서 주로 근무합니다.

진행자　그럼 지방에서는 누가 죄인을 잡나요?

포졸　지방에서는 사또 또는 원님이라고 불리는 수령이 지방의 치안을 담당합니다. 지방 관아에 속한 나졸들이 죄인을 붙잡아 수령 앞에 데려오지요.

진행자　죄인들이 큰 매로 엉덩이를 맞는 장면을 텔레비전 사극에서 본 적이 있어요. 죄인들은 또 어떤 벌을 받나요?

포졸　도형은 관아에 가두고 죄인들에게 강제로 일을 시키는 벌이에요. 나라에 꼭 필요한 일이지만 힘들어 모두가 꺼리는 일을 죄인들이 도맡아 합니다. 유배형은 들어 봤나요? 유배형은 한양에서 떨어진 거리에 따라 등급을 매겨 죄인을 먼 곳으로 보내는 벌입니다.

진행자　유배형은 매를 맞지 않아도 되니 다른 벌과 비교하면 괜찮을 것 같아요. 아닌가요?

포졸　글쎄요. 조선 시대는 교통이 발달하지 않아 유배지까지 이동하는 것이 매우 힘들어요. 유배지까지 가는 데 필요한 경비 또한 죄인이 부담해야 했기에 경제적인 손실도 매우 큽니다. 사실 또 다른 형

	벌이 있는데 잔인해서 말씀드리기 어렵네요.
진행자	저희 구독자들을 위해서 조금만이라도 알려 주시길 부탁드려요.
포졸	앞서 말씀드리지 못한 형벌은 사형입니다. 사형은 죄인의 목숨을 거두는 형벌입니다. 드라마나 영화에서 죄인이 약을 마시고 죽는 장면을 보신 적 있나요? 높은 신분의 죄인은 임금이 그 명예를 존중하여 사약을 내리지요. 여기서 사약은 죽는 약이라는 뜻이 아니라 임금이 직접 약을 내린다는 뜻입니다. 신분이 높지 않은 죄인은 교형과 참형, 능지처참의 방식으로 사형을 집행합니다.
진행자	형벌은 모든 사람에게 예외 없이 적용되나요?
포졸	그렇지 않아요. 노인이나 나이가 어린 아이는 고문을 받지 않아요. 태형을 집행할 때 부녀자의 옷을 벗기지도 않지요.
진행자	그렇군요. 인터뷰에 응해 주셔서 감사합니다. 덕분에 조선 시대 형벌에 대해 많은 것을 알게 되었어요.

후속 보도   조선 시대 형벌 Q & A

옥살이가 궁금해요

　구독자님 중 한 분이 실제 조선 시대 옥살이가 궁금하다고 하셨네요. 생생한 정보를 알려드리고자 제가 조선 시대 옥에 직접 들어가 옥살이를 체험해 봤습니다.

　옥 안은 매우 좁아 환기가 잘 안 되어 답답했지요. 이렇게 좁고 비위생적인 옥 안에서 많은 사람이 함께 있었다고 하는데 생각만 해도 끔찍합니다.

　목에 칼도 차 봐야 옥살이를 제대로 경험할 수 있다고 해서 칼도 써 봤습니다. 가만히 있어도 힘든데 큰 칼까지 목에 차고 있으니 목을 마음대로 가누기 어려워 매우 고통스러웠습니다.

　체험을 끝내고 알게 된 놀라운 사실은 이 모든 옥살이는 죄를 지은 사람들이 한 것이 아니라 재판 결과가 나오기까지 기다리는 사람들이 한 것이라고 하네요.

　옥살이를 한 사람 중 실제 죄를 짓지 않은 사람도 있었을 텐데 그분들은 정말 억울했겠네요. 옥살이 체험 내내 옥 안에서 나가고 싶다는 마음이 굴뚝같았습니다. 여기 갇힌 분들이 얼마나 힘들었을지 이번 체험을 통해 많이 느꼈습니다.

형벌에 쓰이던 매에 대해 자세히 알려 주세요

　드라마나 영화와 달리 지방의 수령들이 막무가내로 죄인을 고문하거나 체벌하지 않았다고 하네요. 수령은 죄인이 지은 죄의 심각성에 따라 처벌을 달리하였습니다.

　죄가 적은 사람은 태형이라고 하여 작고 얇은 매로 엉덩이를 10~50대 맞았고, 죄가 큰 사람은 장형이라고 하여 큰 매로 엉덩이를 60~100대 맞았습니다.

　형벌에 쓰인 몽둥이 또한 법에 적힌 규격대로 만들었어요.

　태형과 장형은 아프고 끝나는 벌이 아니었습니다. 매를 맞다가 목숨을 잃는 죄인들도 많았을 정도로 무서운 형벌이었습니다.

◆ 조선 시대 이색 아르바이트 ◆

매품팔이를 구합니다

AD

돈이 없는가? 매로 단련된 튼튼한 피부와 아픔을 이겨 내는 참을성을 가진 자는 도전해 보라.

형 : 태형(회초리) 20대
매품비 : 1냥

깨알팁!

※매를 때리는 형리와 매품비를 나누어 가지면 덜 아프게 맞을 수 있습니다.

해안가의 살인 사건

1810년, 황해도의 한 해안가 마을에서 있었던 일이다.

아침 일찍 관아로 출근한 나졸들은 군수의 명령에 급하게 해안가 마을로 떠났다.

"아니 무슨 일이기에 아침부터 해안가 마을로 가는 거요?"

"글쎄다. 군수님이 서둘러 가 보자 하셨으니 큰일이 일어났음이 분명해."

"설마 누군가 죽는 일이 일어난 건 아니겠죠?"

덩치가 큰 나졸의 목소리가 떨렸다.

어느새 해안가 마을에 도착한 군수와 나졸들은 사람들의 울음소리를 들었다. 울음소리가 나는 쪽으로 가 보니 땅바닥에 누운 남자의 모습이 보였다.

남자는 이미 숨이 끊어진 상태였다. 사건 발생으로부터 시간이 어느 정도 흘렀는지 시체는 부패가 진행되고 있었다.

동네 주민인 듯 보이는 사람이 군수에게 다가와 하소연했다.

"원님, 며칠 전까지 멀쩡하게 살아 있던 사람이 저런 꼴이 되었습니다. 저 사람의 억울함을 꼭 풀어 주소서."

"알겠소. 내 지금부터 저자에게 어떤 일이 일어났는지, 누가 저렇게 만들었는지 알아내어 억울한 영혼을 달래겠소."

군수는 함께 온 아전에게 명령했다.

"죽은 자에 대해 먼저 알아야겠다. 이자에 대해 상세히 알아보고 오게나."

"네, 원님. 그렇게 하겠습니다."

아전은 사건 현장을 구경하는 사람들에게 다가가서 물었다.

"죽은 자에 대해 알고 있는 것이 있으면 무엇이든 말해 주시게."

허리가 굽고 머리가 하얗게 센 사람이 앞으로 나와 이야기했다.

"이자의 이름은 곽두식으로 최근에 상품 작물을 내다 팔아 큰돈을 벌었습니다."

"처자식은 있었소? 조금 더 상세히 말해 주시오."

"곽두식은 매우 성실한 사람이었습니다. 어린 나이에 부모를 여의고 홀로 열심히 살았습니다. 주변 사람들에게 다정다감하여 마을 사람 모두가 그를 좋아하였죠. 그는 혼인을 치르지 않아 당연히 처자식도 없었습니다. 이런 일을 당해도 슬퍼해 줄 핏줄 하나 없다니 매우 슬픈 일입니다."

아전은 눈물을 흘리는 마을 사람들을 둘러보며 말했다.

"마을 사람들에게 신망이 두터운 사람이었나 보구려. 사람들이 이렇게 많이 와서 그의 죽음을 슬퍼하다니……. 알려 주어 고맙소."

말을 마치고 아전은 죽은 자의 얼굴을 가만히 쳐다보았다. 죽은 자가 누워 있는 곳은 자갈이나 돌이 아닌 부드러운 흙으로 덮여 있는 길이었다. 분명 넘어지는 충격으로 생명을 잃은 것은 아닌 듯 보였다. 또한 이곳은 마을 사람들이 자주 다니는 곳이라 누군가가 곽두식을 공격하리라 마음먹었다면 범행에 적당한 장소가 아니었다.

아전은 죽은 자에 대해 들은 내용과 자신이 직접 본 것을 정리하여 군수에게 보고했다.

"지금부터 제대로 조사해 봐야겠다. 나졸들은 시체에 상흔[5]이 있는지 확인하라."

군수의 명령에도 겁먹은 나졸들이 불안한 눈빛으로 서로를 바라보며 움직이지 못하였다. 그때 무리 중에서 가장 나이가 많아 보이는 나졸이 홀로 조용히 나아가 죽은 사람의 상태를 확인하였다.

"여보게. 이자의 기골이 장대하여 나 혼자서 상흔이 있는지를 확인하기 힘들다네. 누가 나를 좀 도와주구려."

나이가 지긋한 나졸의 말에 젊은 나졸 몇몇이 민망한 듯 머리를 긁적이며 쭈뼛쭈뼛 앞으로 나왔다.

"내가 상흔을 확인할 테니 자네들은 내가 신호를 주면 이자의 몸을 돌려 주게. 몸 이곳저곳을 꼼꼼히 확인해 봐야 하니 말이야."

나이가 지긋한 나졸은 죽은 자의 신체를 몇 차례나 꼼꼼히 살핀 후 군수에게 큰 목소리로 보고했다.

"원님, 소인이 확인한 결과 이자의 신체 그 어디에도 상흔은 보이지 않습니다."

"누군가에게 공격을 받았거나 공격에 따른 저항을 했다면 그 과정에서 자그마한 상흔이라도 남았을 텐데 그렇지 않았단 말인가?"

"네. 신체적 타격으로 인해 목숨을 잃은 건 아닌 것 같습니다."

군수는 『무원록』을 꺼내 읽다가 큰 소리로 마을 사람들에게 말했다.

"여기 혹시 은비녀를 가진 자가 있는가?"

군수의 말에 양반으로 보이는 여인이 자신의 은비녀를 빼 군수에게 건네었다.

"이자의 억울함을 해결하는 데 조금이라도 도움이 되었으면 좋겠습니다."

"정말 고맙소."

---

5) 상흔 : 상처를 입은 자리에 남은 흔적

군수는 나졸에게 은비녀를 건네주며 명령했다.

"지금 죽은 자의 입을 열고 은비녀를 입안 깊숙이 넣어 보게나."

체격이 큰 나졸은 놀란 얼굴로 되물었다.

"죽은 자의 입을 열고 은비녀를 넣으라고요? 그건 시체를 욕보이는 행동 아닙니까?"

"다 이유가 있으니 시키는 대로 하게."

나졸은 하는 수 없이 군수의 명에 따라 죽은 자의 입을 열고 은비녀를 깊숙이 넣었다.

그러자 놀라운 일이 일어났다. 은비녀가 검은색으로 변한 것이다. 나졸은 깜짝 놀라며 들고 있던 은비녀를 떨어뜨리고 털썩 주저앉았다.

"시체를 욕보여서 벌 받는 거 아닙니까? 은비녀의 색이 갑자기 변하다니요?"

"이자는 독살당한 것이다. 조선에서 독약으로 가장 많이 쓰이는 게 비상이다. 비상은 은을 검게 만드는 성질이 있지. 한데 이자는 스스로 목숨을 끊은 것인가, 아니면 누군가에 의해서 독살당한 것인가? 이 물음에 대한 대답은 내일 풀어 보도록 하지."

군수는 나졸을 시켜 2차 검안을 위해 시체를 보관하라 명하고 관아로 돌아갔다.

다음 날 군수는 죽은 이와 관련된 사람을 모두 관아로 불렀다.

"내가 이렇게 한자리에 모이라고 한 이유는 모두가 너무 잘 알 것이오. 조사에 성실히 협조해 주길 바라오. 만약 거짓으로 증언할 경우, 그에 따른 대가를 치를 것이오. 혹시 여기에 곽두식과 가깝게 지낸 자가 있소?"

군수의 말에 상인으로 보이는 듯한 남자가 사람들 사이를 헤치며 군수 앞으로 나왔다.

"저는 곽두식과 함께 일하며 꽤 가깝게 지냈습니다."

"좋소. 그럼 내 하나 물어보겠소. 그대가 생각하기에 곽두식이 스스로 목숨을 끊었을 것 같소?"

"가당치도 않습니다, 원님. 그는 인생의 목표가 분명했던 사람이었습니다. 그런 그가 갑자기 스스로 목숨을 끊었다니 그건 납득하기 어려운 일입니다."

"그러하오? 그럼 그대가 생각하기에 곽두식이 누군가에게 원한을 살 만한 행동을 한 적이 있소?"

"글쎄요. 그런데 그가 최근에 매우 열중하는 일이 있었습니다."

"그 일이라는 게 도대체 무엇인가? 당장 말하게."

"돈으로 양반 직책을 사는 일 말입니다. 요즘 돈 많은 농부나 상인들이 양반 직책을 사는 게 유행이지 않습니까? 그도 양반이 되고 싶어 했습니다."

군수는 상인의 말을 들으며 범죄를 저질렀을 가능성이 있는 사람들을 떠올려 보았다. 비상은 쉽게 구할 수 있는 것이 아니었다.

권세와 재력 있는 사람만이 구할 수 있었다. 사실 이 작은 마을에서 그게 가능한 사람은 최 대감 단 한 명뿐이라, 군수는 최 대감을 용의선상 맨 윗줄에 올려놓고 있었다. 그런데 최 대감은 왜 곽두식에게 원한을 품었을까?

그가 양반 직책을 탐낸 것이 이유였다면 양반 직책을 산 다른 이들도 그의 손에 죽었어야 했다. 군수는 도무지 답을 찾을 수 없었다.

조사는 진척이 없었고 그렇게 여러 날이 지났다. 그러는 사이 이웃 지역의 군수가 시체에 대한 2차 검안을 하였으나 그 결과는 다르지 않았다. 독살이었다. 문제는 누가, 왜 곽두식을 죽인 것이냐는 것이었다. 사건은 그렇게 미궁 속에 빠져 영원히 해결되지 않을 것 같았다. 한 여인이 나타날 때까지는.

"원님, 밤중에 긴히 드릴 말씀이 있어 찾아왔습니다."

"당신은 은비녀를 건네준 여인이 아니오?"

군수는 깜짝 놀라 여인을 바라보았다.

여인은 말없이 고개를 끄덕이더니 곧 입을 열었다.

"사실 곽두식과 관련된 이야기온데……."

"혹시 그대가 그 사건과 관련된 해답을 가지고 있소?"

여인은 눈물을 흘리며 말했다.

"제가 곽두식을 죽게 만들었습니다. 진작에 그를 말렸어야 했는데……."

"그게 무슨 말이오? 자세히 말해 주시오."

"저에게는 사랑스러운 여동생이 하나 있습니다. 그러던 어느 날 저는 동생이 곽두식을 만난다는 사실을 우연히 알게 되었습니다. 부모도 없는 데다 양반도 아니었던 그를 대감인 아버지가 좋아할 리 만무하였습니다. 저는 동생에게 그를 만나지 말라고 하였지만 동생은 그를 포기하지 않았습니다. 그리고 곽두식도 마찬가지였습니다. 곽두식은 겁도 없이 아버지를 찾아갔습니다. 그리고 양반의 직을 돈으로 사서 아버지 앞에 떳떳하게 나서겠다는 말까지 하였습니다. 하지만 그건 아버지가 바라는 일이 아니었습니다. 그래서 결국 아버지께서 그런 끔찍한 일을……. 흑흑…….

저희 집을 수색하시면 비상을 거래한 흔적을 찾으실 수 있을 겁니다. 아버지를 고발하는 일이 큰 불효임을 잘 압니다. 그래서 여기에 오기까지 고민을 많이 했습니다. 그래도 이렇게 원님을 찾아온 이유는 억울한 죽음이 있어서는 안 되기 때문입니다."

군수는 가만히 눈을 감고 그가 관리가 처음 되었을 때 품었던 마음을 떠올려 보았다. 군수는 나졸들에게 큰 목소리로 외쳤다.

"지금 당장 최 대감 댁으로 가서 이 사건과 관련된 증거를 찾아오라. 그리고 최 대감을 이곳으로 데리고 오라."

최 대감 댁은 아수라장이 되었다.

"네놈들이 감히 여기가 어딘 줄 알고 이러한 행동을 하느냐?"

"저희를 따라 지금 관아로 가 주셔야겠습니다. 따님이 기다리고 계십니다."

나졸의 말에 최 대감의 표정이 어두워졌다.

'천한 사내 한 명이 결국 우리 가문을 몰락시키는구나.'

관아로 끌려간 최 대감은 자신의 죄를 실토하였다. 집에서 중요한 증거인 비상이 발견되었기 때문이다.

군수는 최 대감의 처분을 조정에 맡기기로 했다. 그렇게 사건의 범인은 잡았으나, 억울하게 죽은 곽두식을 생각하니 군수는 마음이 아팠다. 군수는 앞으로 이 마을에 다시는 이러한 일이 발생하지 않기를 자신의 방에서 조용히 빌었다.

과학전람회_화학 기미 상궁의 필수품, 은수저

◆ **탐구 동기 및 목적**

음식에 독을 몰래 넣어 다른 사람의 목숨을 노리는 경우가 많았던 조선 시대, 임금은 기미 상궁을 불러 음식을 먼저 맛보게 하였습니다. 이때 기미 상궁은 은수저를 사용했습니다. 은수저는 왜 기미 상궁의 필수품이 되었는지 그에 대한 궁금증을 시작으로 탐구하게 되었습니다.

◆ **탐구 과정 및 준비**

조선 시대에는 비소를 이용한 독살이 많았는데, 비소에는 황이 들어 있어 달걀을 실험 재료로 사용하였습니다. 달걀 노른자에 황이 있기 때문이지요. 스테인리스 수저, 나무 수저, 은수저 중 어떤 걸로 달걀을 먹으면 색이 변할까요? 실험을 통해 알아보았습니다.

◆ **탐구 결과**

스테인리스 수저와 나무 수저로 달걀을 먹었을 때 수저의 색에 변화가 없었습니다. 은수저로 달걀을 먹었을 때 수저의 색이 검게 변했습니다.

> **결론** ◆ 달걀의 황과 은수저의 은이 만나면 색이 검게 변한다.
>
> 기미 상궁은 비소가 들어 있는 음식이 은수저와 만났을 때 색이 검게 변한다는 사실을 알고 은수저를 들고 다녔다. 이와 같은 원리로 조선에서는 시신의 입안에 은비녀를 넣어 독살인지를 판단하기도 했다.

> 상식 코너 **원한이 없도록 수사하라**

　조선에서 살인 사건이 발생하면 사건이 일어난 지역의 지방관은 검시관과 아전을 대동하여 수사를 진행했습니다.

　시체가 있는 장소에 도착하면 우선 시체를 중심으로 사방 규격과 시체의 방향 등을 세밀하게 기록하였습니다. 사건 장소에 대한 조사가 끝나면 검시관은 본격적으로 시체를 살폈습니다. 겉으로 드러난 안색이나 상흔 등에 주목하면서 옷을 벗기고 상태를 꼼꼼하게 살펴 기록하였습니다.

　검안은 최소 두 번 이상 이루어졌습니다. 사건이 발생한 지역의 지방관이 1차 조사, 즉 초검을 진행하였고, 이후 사건이 발생한 인근 지역의 지방관이 2차 조사, 즉 복검을 진행하였습니다.

　지방관은 『무원록』이라는 책을 참고하여 검시하였습니다. 『무원록』은 중국 원나라에서 편찬한 법의학서로 조선에 들어온 후, 조선의 사정에 맞게 여러 차례 수정되었습니다.

　지방관은 시체를 검안하고 작성한 소견서와 함께 범인과 목격자를 심문한 결과를 보고서에 작성하여 상부에 제출하였습니다.

　상부에 제출된 초검과 복검의 결과가 일치하면 사건은 종결되었습니다. 그러나 초검과 복검의 결과가 일치하지 않으면 결과가 일치될 때까지 수사는 계속되었지요.

　이렇게 조선에서는 억울하게 죽은 사람이 없도록 과학적인 방법으로 사건을 해결하려 노력하였습니다.

| 인터뷰 | **조선 CSI의 수사 비법 공개** |

진행자 안녕하세요. 오늘은 조선 최고의 CSI 요원을 스튜디오에 모셨습니다. 반갑습니다. 직접 소개를 부탁 드립니다.

CSI 요원 네. 저희는 과학적인 방법으로 범죄 사건을 해결하는 일을 하고 있습니다.

진행자 조선에서도 과학 수사가 이루어졌다니 매우 놀랐습니다. 어떤 식으로 수사를 진행하는지 이 자리에서 보여 줄 수 있으신가요?

CSI 요원 네. 수은 중독 검사에 금이 사용됩니다. 수은에 중독되어 죽으면 금을 대어 봤을 때, 금이 하얗게 변합니다. 이렇게 수은과 금의 성질을 이용하여 사망 원인을 밝히기도 합니다.

진행자 그렇군요. 대단합니다. 그런데 여기 닭은 왜 가지고 오신 거죠?

CSI 요원 닭에게는 매우 미안한 일이지만 독살 여부를 판단하기 위하여 저희 검시관들은 닭을 이용하기도 했습니다. 시신의 입에 넣었다가 꺼낸 쌀을 닭에게 먹인 후, 닭이 쌀을 먹고 죽으면 사망한 자가 독살되었음을 의심할 수 있었습니다.

진행자 닭이 불쌍해요. 동물을 사랑하는 한 사람으로서 닭은 검시에 이용 안 했으면 좋겠습니다.

CSI 요원 네, 노력하겠습니다. 이번에는 조금 놀라실 수도 있으니 양해 바랍니다. 이 칼은 숯불에 달구어진 상태입니다. 이 위에 식초를 부려 보겠습니다. 어떠한 일이 일어나는지 지켜봐 주십시오.

진행자 어머! 이게 뭔가요? 피 아닌가요? 점점 색이 짙어지고 있어요.

CSI요원   네, 맞습니다. 시간이 지나 오래된 증거물에서 핏자국을 찾기 위해 저희 검시관들은 이 방법을 사용합니다. 혈액 속 적혈구의 주성분인 철과 식초에 포함된 티오시안산이 만나면 이러한 반응이 나타납니다.

마지막으로 사망 원인을 정확하게 찾기 위해 저희는 '황종척'이라는 자를 사용해 검시합니다. 황종척은 나라에서 검시에 사용하라고 정한 유일한 자입니다.

진행자   그렇군요. 오늘 상세히 설명해 주신 덕분에 많은 것을 알게 되었습니다. 감사합니다.

에필로그 # 역사 탐험대는 계속된다!